Félix le Dantec

Lamarckiens et Darwiniens

essai

ISBN : 978-1523493623

10 9 8 7 6 5 4 3 2 1

Félix le Dantec

Lamarckiens et Darwiniens

essai

Table de Matières

PREMIÈRE PARTIE

LE PROBLÈME
DE LA FORMATION DES ESPÈCES[1]

Avez-vous observé l'éclosion d'un poussin dans une couveuse artificielle ? Il n'est pas de spectacle plus curieux. Si vous aviez cassé l'œuf il y a trois semaines vous y auriez trouvé, comme dans tous les œufs, du blanc et du jaune, substances amorphes dans lesquelles vous n'auriez pu déceler la présence d'aucun organe, d'aucun caractère complexe de structure ; et voilà qu'aujourd'hui sort de la coque de cet œuf un jeune poussin alerte et éveillé, doué non seulement d'une anatomie étonnamment embrouillée, mais encore, ce qui est bien plus frappant, d'une coordination merveilleuse ! Tous ces membres formés de tant d'éléments divers, le jeune poussin s'en sert avec une admirable dextérité sans avoir pour cela besoin d'aucune éducation. Il se tient debout sur ses pattes grêles, station verticale qui exige le jeu simultané d'un très grand nombre de parties diverses de son corps ; il marche, il s'étire paresseusement comme s'il était fatigué de son long emprisonnement. On a disposé à l'avance, dans la couveuse artificielle, une pâtée appétissante et un abreuvoir pourvu d'eau ; le poussin mange et boit, choisit les parties les plus tentantes de sa pâtée, et va même jusqu'à dérober un grain de mil resté adhérent au bec d'un de ses compagnons ; il se promène, regarde autour de lui et s'occupe le plus naturellement du monde ; quand il est fatigué il va se coucher et dort.

Toutes ces opérations qui demandent le fonctionnement d'un mécanisme extrêmement compliqué, le poussin les exécute sans hésitation et sans effort, *comme s'il savait faire tout cela depuis fort longtemps*. Il est même si naturel dans tous ses mouvements que bien des personnes le regarderont sans songer à s'étonner de sa coordination merveilleuse. Et cependant, que de sujets d'admiration pour un observateur réfléchi ! Comment ! Voila un œuf qui se composait il y a trois semaines d'une masse amorphe de blanc et de jaune et qui aujourd'hui, par le seul jeu des forces de la nature, laisse éclore un poussin doué d'une telle complexité d'organisation

---

1 *Revue encyclopédique*, avril 1899.

et habitué à s'en servir ! Que lui a-t-il fallu pour cela ? De l'air et une température constante, et c'est tout ce que lui a fourni la couveuse artificielle. Y a-t-il un phénomène naturel plus extraordinaire ?

Et cependant, cette métamorphose admirable, vous pouvez la reproduire aussi souvent que vous voudrez ; si vous choisissez bien les œufs de poule fécondés et pondus dans de bonnes conditions, vous serez assurés de n'avoir aucun échec ; chaque œuf vous donnera au bout de trois semaines un poussin bien constitué, vivant et ne demandant qu'à continuer à vivre. Donc, de même que pour une expérience physique ou chimique très simple et dont vous connaissez les conditions, *vous pouvez prévoir*, sans erreur possible, ce qui résultera du fait d'avoir placé un œuf de poule dans une couveuse artificielle. Vous pouvez donc affirmer que, dans les conditions de la couveuse (température, aération), *l'œuf détermine le poussin, le poussin est déterminé dans l'œuf.*

Si au lieu d'un œuf de poule vous aviez pris un œuf de cane, vous n'auriez pas constaté de grandes différences dans sa structure initiale et cependant, placé dans la couveuse, cet œuf eût donné un caneton et non un poussin. Le caneton diffère du poussin par un très grand nombre de caractères importants et l'on peut s'étonner que des êtres si peu semblables proviennent, dans des conditions identiques, de deux œufs si analogues ; mais le caneton est par lui-même aussi curieux que le poussin, il est aussi compliqué et aussi merveilleusement coordonné.

L'œuf de cane détermine le caneton comme l'œuf de poule détermine le poussin ; les différences qui séparent le caneton du poussin tiennent donc uniquement aux différences si peu apparentes qui existent entre l'œuf de cane et l'œuf de poule. Que de sujets d'étonnement dans l'étude de ces faits de connaissance courante ! Trois sciences sont nées du besoin de les expliquer.

D'abord, comment l'œuf, qui a une structure morphologique si simple, donne-t-il, sous la simple influence de l'aération à une température constante, un être aussi complexe anatomiquement que l'est le poussin ? L'*embryologie* suit pas à pas la complication progressive qui résulte de l'activité chimique des substances vivantes de l'œuf dans les conditions de la couveuse. Cette complication se résume en deux phénomènes élémentaires, plus faciles à étudier chez des êtres moins élevés en organisation, l'assimilation et la division cellulaire. Sans nous proposer de connaître (ce que la chimie nous apprendra sans doute un jour) la structure moléculaire qui explique ces deux phénomènes élémentaires, contentons-nous de les considérer comme des manifestations de propriétés caractéristiques des substances vivantes dans les conditions de la couveuse ; alors la complexité apparente de l'embryologie disparaît, puisque toutes les métamorphoses qu'elle étudie se ramènent à des phénomènes élémentaires simples. Seulement, la division cellulaire ou multiplication mettant sans cesse en scène un nombre croissant d'acteurs et, d'autre part, les conditions individuelles de l'activité de chacun d'eux étant la conséquence de celle de leurs prédécesseurs et de leurs contemporains, le phénomène d'ensemble qui résulte de phénomènes élémentaires simples acquiert rapidement un aspect infiniment embrouillé.

Il nous est donc à peu près impossible de suivre autrement que d'une manière toute grossière, la synthèse de ce qui se passe dans l'œuf pendant les trois semaines de l'incubation, mais il nous est également impossible de suivre, dans tous ses détails moléculaires, la genèse d'un tourbillon dans un fleuve ; notre esprit se contente de la connaissance des lois élémentaires par lesquelles nous sommes sûrs que peut s'expliquer séparément chacun des mille petits mouvements dont le tourbillon est la résultante ; faisons de même en embryologie et cela nous sera d'autant plus facile que, nous le verrons plus tard, le principe de la sélection naturelle est un précieux fil d'Ariane dans les dédales de la complication histologique progressive.

Voilà donc le poussin constitué ; son mécanisme est d'une complication merveilleuse, mais comment se fait-il que ce mécanisme fonctionne de lui-même si naturellement ? Comment se fait-il que, si un grain de mil frappe son regard ou son odorat, cela suffise à déterminer chez lui cette série admirable de mouvements coordonnés, et que, sans aucune impulsion extérieure autre que celle qui lui vient de ses organes des sens, il donne un coup de bec précisément sur le grain de mil qu'il a vu ou senti, le saisisse dans sa bouche, l'avale, le broie dans son gosier, le digère, etc. Comment se fait-il qu'il puisse prendre de l'eau dans son bec, lever le cou et faire descendre si élégamment le liquide dans son estomac ?

Félix le Dantec

La *Physiologie* étudie tout cela et arrive de plus en plus à tout expliquer par le simple jeu des forces naturelles.

Donc, *étant donné un œuf de poule*, l'embryologie nous apprend comment, dans une couveuse artificielle, cet œuf devient poussin en trois semaines ; le poussin éclos, la physiologie nous explique comment il se fait qu'il exécute de si admirables opérations. Tout cela est déterminé dans l'œuf, nous en sommes certains.

Mais alors, comment se peut-il qu'un tel œuf, qu'un corps si merveilleux existe, dans lequel soient déterminés à l'avance tant de phénomènes d'une complexité inouïe et d'une précision mathématique, à cette seule condition qu'on lui fournisse, pendant vingt et un jours, de l'oxygène et une température constante ?

C'est là la grande question à laquelle essaie de répondre la troisième science dont nous avons parlé tout a l'heure, la science de *l'origine des espèces*. Cette question est même la seule sur laquelle plane encore un peu de mystère, car malgré leur complexité, les phénomènes de l'embryologie et de la physiologie se ramènent aisément à des éléments simples et bien connus, dont la synthèse seule nous étonne.

L'existence actuelle de corps dans lesquels sont déterminées, à des conditions très simples, toutes les merveilles qui sont déterminées dans l'œuf de poule, peut-elle s'expliquer aussi par le seul jeu des forces naturelles ? Cela a semblé longtemps tellement inconcevable que l'hypothèse d'une création de chaque espèce avec tous ses caractères actuels a naturellement prévalu et est encore admise, indépendamment de toute question de dogme, par ceux qui redoutent un grand effort intellectuel et aiment mieux s'en tenir une explication simpliste même peu vraisemblable. Les découvertes de la paléontologie ont en effet montré que les espèces actuelles n'existaient pas aux périodes précédentes de l'histoire du monde, et qu'il faut admettre, de toute nécessité, une évolution des êtres. Quels ont été les facteurs naturels de cette évolution ? Comment cette évolution a-t-elle pu être progressive et déterminer l'existence d'animaux aussi compliqués que le poulet, le chien, le singe ? Cette dernière question surtout est intéressante car, si elle est résolue, elle permet de reculer singulièrement les limites du domaine de la science et de laisser une part bien moins considérable aux phénomènes mystérieux de création.

Chacun sait combien est peu admissible, dans l'état actuel des connaissances humaines, l'apparition spontanée, sous l'influence des simples forces naturelles, d'un être vivant aussi compliqué que les plus simples connus. L'adage : *Omne vivum ex vivo*, ne semble pas souffrir d'exceptions. Mais, si nous connaissions des facteurs naturels capables d'expliquer la complication progressive des organismes, nous pourrions concevoir que la création a été limitée à des êtres vivants infiniment simples d'où sont ensuite provenus tous les autres par évolution lente ; ces ancêtres initiaux pourraient même être tellement plus simples que les plus simples aujourd'hui connus, que leur apparition spontanée fût concevable, comme beaucoup le croient...

On voit donc tout l'intérêt que présente l'étude de l'évolution progressive, ou plutôt de la complication croissante des mécanismes animaux, car il faut se méfier du mot progrès. À quel point de vue peut-on dire en effet que le poulet est supérieur au corail ? Tous deux sont mortels et les squelettes qui restent d'eux présentent des qualités différentes ; ils sont adaptés l'un et l'autre à leur genre de vie, etc.

Eh bien, cette complication croissante des êtres, permettant de comprendre que, de monères initiales extrêmement simples, soient provenus aujourd'hui des corps doués de propriétés merveilleuses comme l'œuf de poulet, le génie de deux hommes en a fait connaître les facteurs naturels et en a ramené l'étude à celle de faits élémentaires d'une grande simplicité ; j'ai nommé Lamarck et Darwin.

Le second, venu plus tard, n'a pas rendu justice à son illustre devancier : « Les œuvres de Lamarck, dit-il quelque part, me paraissent extrêmement pauvres ; je n'en tire pas un fait, pas une idée. » Les disciples du grand naturaliste anglais, acceptant fidèlement la manière de voir de leur maître, ont également méconnu les mérites de Lamarck ; Huxley le considère comme un observateur consciencieux mais de médiocre valeur.

Cependant une pléiade de jeunes savants a récemment entrepris de mettre en relief les travaux de notre illustre évolutionniste ; les néo-Lamarckiens se sont levés contre les néo-Darwiniens, et de la lutte acharnée entre les deux écoles sont sortis beaucoup de résultats de grand intérêt. Je voudrais montrer dans cet ouvrage que cette lutte n'a pas de raison d'être, que les deux écoles sont souvent dans le vrai l'une et l'autre et que leur principal tort est d'être trop exclusives ; je voudrais montrer surtout que Darwin, en niant la valeur des principes de Lamarck, *a méconnu l'importance des plus remarquables conclusions que l'on puisse tirer de sa propre loi de sélection naturelle.* Il serait ridicule cependant, indépendamment de toute considération chronologique, de dire que l'œuvre de Lamarck est fille de celle de Darwin. Les deux grands naturalistes ont étudié la nature et ont directement tiré de leurs observations les principes qui rendent leurs deux noms immortels. Les principes de Lamarck ne se déduisent d'ailleurs de la loi de sélection naturelle, que si l'on applique cette loi à des cas dans lesquels Darwin ne l'avait jamais fait intervenir, savoir, à la lutte pour l'existence entre les tissus de l'organisme en voie de développement.

Je ne suivrai pas l'ordre chronologique dans l'étude de l'œuvre des deux apôtres de l'évolutionnisme ; comme toutes les lois vraiment générales de labiologie, celles qu'ils ont établies peuvent se déduire, par de simples raisonnements, de la connaissance des propriétés élémentaires des corps vivants ; je vais donc exposer d'abord, en quelques mots, ces propriétés élémentaires, desquelles, par une série de déductions logiques et sans aucune hypothèse, j'espère amener le lecteur à la notion des principes fondamentaux que Darwin et Lamarck ont directement tirés de l'observation des êtres supérieurs.

CHAPITRE PREMIER
ASSIMILATION ET VARIATION DES PLASTIDES

Tous les êtres vivants sont des plastides ou des agglomérations de plastides.

Un plastide est un corps doué de vie élémentaire, c'est-à-dire capable d'assimilation dans des conditions données de milieu ; autrement dit, un plastide diffère des corps bruts ordinaires par ce fait qu'il existe un ou plusieurs milieux[1] dans lesquels ses substances

---

1 Pour fixer le langage, je dis que ces milieux réalisent pour le plastide donné

constitutives *augmentent quantitativement* sans changer de composition, *au lieu de se détruire* comme les substances chimiques le font normalement chaque fois qu'elles réagissent. En outre, les plastides ont une taille limitée, de sorte que l'assimilation, au lieu de les faire croître indéfiniment, détermine *leur multiplication*. Et voilà tout. C'est de là qu'il faut déduire le Darwinisme, le Lamarckisme, en un mot, toute la complication croissante des espèces.

Et d'abord, remarquons que la *variation* nécessaire à la complication des êtres semble incompatible avec la définition même de l'assimilation. Les plastides, à l'état de vie élémentaire manifestée, se multiplient en restant rigoureusement semblables à eux-mêmes ; ils ne varient donc pas.

Sans doute, mais l'assimilation ne se produit que dans certains milieux[1] bien définis pour chaque espèce de plastides. Dans tout autre milieu,[2] l'activité chimique *détruit* les substances *plastiques* ou substances constitutives des plastides, comme elle détruit les corps bruts ordinaires chaque fois qu'ils réagissent.

Si un plastide reste suffisamment longtemps dans un tel milieu, ses substances plastiques sont entièrement détruites ; il est transformé en un corps qui n'est plus doué de vie élémentaire, qui n'est plus un plastide (mort élémentaire). La mort élémentaire survient même immédiatement dans certains milieux contenant des substances dites vénéneuses, toxiques, pour les plastides considérés.

Mais il y a de nombreux cas de destruction plastique lente et, dans ces différents cas, suivant la nature des réactifs destructeurs, il est évident que les différentes substances constitutives du plastide se détruiront avec des rapidités différentes. Alors, si la réaction destructive est arrêtée avant que la mort élémentaire soit survenue, il restera des plastides qui différeront des plastides initiaux par la *proportion* de leurs substances constitutives (variation quantitative).

Que ces nouveaux plastides se trouvent maintenant transportés dans un milieu qui réalise pour eux les conditions de l'assimilation

---

la *condition n° 1* et que le plastide s'y trouve à l'état de *vie élémentaire manifestée*. Voir *Théorie nouvelle de la vie*, Paris, Alcan, 1896. Bibl. sc. internationale.
1 *Condition n° 1.*
2 Pour fixer le langage, je dis que ces milieux réalisent pour le plastide donné la *condition n° 1* et que le plastide s'y trouve à l'état de *destruction plastique.*

Félix le Dantec

et, par définition même, ils se multiplieront en restant semblables à eux-mêmes, c'est-à-dire avec leur caractère quantitatif.

Cela peut sembler difficile à réaliser, et cependant rien n'est plus commun dans la nature ; il arrive constamment qu'un milieu donné, dans lequel vivent à la fois plusieurs espèces de plastides, se trouvant sans cesse modifié par leur activité même, remplit alternativement pour les uns ou les autres les conditions de la destruction et de l'assimilation, et de ces alternatives résultent des variations quantitatives incessantes.

Il y a même des cas où peut se produire une variation *qualitative* n'entraînant pas la mort élémentaire, et alors le plastide est remplacé par un plastide d'*espèce différente*, si, comme j'ai été amené à le faire, on convient de définir l'*espèce* des plastides par la nature chimique de leurs substances constitutives. Ceci posé, la loi de Darwin va nous apparaître comme une nécessité évidente.

CHAPITRE II
SÉLECTION NATURELLE OU PERSISTANCE DU PLUS APTE DES PLASTIDES

1° Plaçons dans un milieu donné deux espèces de plastides et supposons que ce milieu réalise pour l'une des espèces la condition d'assimilation, pour l'autre la condition de destruction. La première se multipliera, naturellement ; la seconde disparaîtra si les conditions de milieu ne se sont pas modifiées assez vite pour que l'assimilation soit devenue possible avant que la mort élémentaire ait atteint tous les individus de cette espèce. Dans ce cas infiniment simple, l'une seulement des espèces était *apte* à se multiplier dans le milieu ; il y aura eu *persistance du seul apte* ; cela est de toute évidence, et il n'y a là qu'une manière commode de parler. Toute erreur sera impossible dans l'emploi de ce langage darwinien si, comme on doit toujours le faire on définit, *après coup*, espèce la seule apte, celle qui a persisté dans les conditions de l'observation ; ce langage prend même alors la forme d'une vérité de La Palice…

2° Observons maintenant, dans un milieu limité (comme le sont tous les milieux cosmiques), cette espèce la seule apte, restée isolée. Les individus se multiplient, et en se multipliant épuisent le milieu qu'ils chargent en outre de produits accessoires nuisibles à l'espèce même. Plus la multiplication est abondante, plus le milieu doit donc se transformer rapidement et devenir impropre à la vie élémentaire manifestée de l'espèce donnée. Or, tous les plastides de même espèce ont les mêmes besoins et produisent les mêmes excréments nuisibles, donc, si nous nous occupons plus particulièrement de l'un des plastides et de sa descendance, nous constatons que les autres plastides *le gênent* et contribuent à rendre plus rapidement impossible sa multiplication dans le milieu ; autrement dit, si nous intervenions à chaque instant pour éliminer ou détruire les plastides nouvellement formés, de telle manière qu'il n'y eût jamais dans le milieu qu'un seul plastide à l'état de vie élémentaire manifestée, la condition d'assimilation se prolongerait bien plus longtemps, l'épuisement des aliments étant beaucoup moins rapide. Au point de vue de la prolongation de la vie élémentaire manifestée, la destruction d'un certain nombre des plastides formés est donc avantageuse pour ceux qui restent. Leur persistance est, au contraire, nuisible à ceux-ci et c'est ce que Darwin a appelé la *concurrence vitale*.

Cette loi est plus célèbre sous une autre forme à laquelle on arrive en considérant les plastides comme des individus dirigeant eux-mêmes leur mode d'activité.[1] Chaque individu *tire à lui* les substances alimentaires utiles à tous et rejette dans le milieu des substances excrémentitielles nuisibles à tous. Or, le milieu épuisé, les plastides seront tous condamnés à la mort élémentaire[2]; chacun des plastides a donc besoin, *pour exister*, des substances que consomment ses cohabitants, et l'on peut dire que ces plastides, tirant chacun à soi les substances nécessaires à tous, *luttent pour l'existence*.

Si tous les plastides de l'espèce considérée sont identiques et si le milieu est et reste homogène, les conditions variant de la même manière pour tous, ils finiront par disparaître *tous à la fois*. Mais cela est presque impossible dans les circonstances naturelles, ainsi que nous allons le voir.

---

1 Ce langage imagé, peut être commode quand on a soin d'éviter les erreurs qui en résultent souvent.

2 Je ne m'occupe pas ici de la sporulation ; qui ne se produit jamais pour les tissus des animaux supérieurs auxquels je veux arriver tout à l'heure.

3° D'abord, un milieu limité contenant des plastides vivants ne saurait être ou tout au moins rester homogène. Chaque plastide est en effet un foyer d'activité chimique, de production et de destruction de substances diffusibles ; de plus, l'activité même des plastides détermine des courants dans le liquide et à chaque instant, l'état du milieu de culture en chaque point résulte de l'ensemble très complexe de l'activité passée et actuelle de tous les plastides qu'il contient. Or le mode d'activité de chaque plastide est une conséquence de l'état du milieu au point où il est situé et se trouve lié par conséquent à l'activité passée et actuelle de tous ses cohabitants. C'est la loi de *corrélation des plastides* en milieu limité.

Mais, c'est seulement à la condition d'assimilation que, par définition même, les plastides se multiplient en restant semblables à eux-mêmes. Dans un milieu limité, la condition d'assimilation ne peut pas durer indéfiniment, nous l'avons vu tout à l'heure ; la condition de destruction apparaîtra donc forcément au bout de quelque temps, en certains points au moins et peut-être d'une manière passagère, suivant les hasards[1] de la corrélation. Il en résultera des variations quantitatives des plastides qui ainsi ne resteront plus identiques quoique étant de même espèce, et par conséquent, il n'y aura plus de raison pour que, comme nous le supposions dans le paragraphe précédent, *tous disparaissent à la fois*.

Au contraire, il y aura à chaque instant en présence, aux divers points du milieu, diverses variétés de la même espèce, qui seront plus ou moins aptes à prospérer dans les conditions considérées ; les unes disparaîtront, les autres se conserveront et se multiplieront, et quoique ne sachant jamais analyser les qualités d'aptitude plus ou moins grande d'une variété déterminée, nous aurons toujours le droit de définir, *après coup, variété la plus apte*, celle qui aura persisté dans les conditions locales de l'endroit où elle se trouve.

Et ainsi se trouve établie la loi de la *persistance du plus apte* ou *sélection naturelle* comme une vérité évidente, un simple artifice de langage. On aurait pu établir immédiatement cette loi, indépendamment de toute considération sur la variation, en supposant dès le début, dans le milieu, plusieurs espèces ou plusieurs variétés

1 Le mot hasard s'applique ici à un ensemble de conditions parfaitement déterminées à l'avance, mais trop complexes pour que nous puissions les prévoir.

plastidaires. En raisonnant comme nous venons de le faire on a l'avantage d'expliquer en même temps comment il se fait que les variations, sans cesse triées par la sélection naturelle, ne laissent en chaquepoint du milieu que les individus les plus aptes à y prospérer, ou, en un mot, soient adaptatives. Nous avons donc établi, en même temps que la persistance du plus apte, la loi d'*adaptation des plastides au milieu*.

Cette loi d'adaptation des plastides au milieu n'aurait pas une grande importance si les conditions étaient sans cesse variables comme cela a lieu dans un milieu limité quelconque, mais nous allons voir des cas où ce milieu limité et sans cesse renouvelé présente des caractères constants en des points donnés (milieu intérieur des animaux), et l'adaptation au milieu expliquera alors la différenciation histologique des êtres supérieurs et nous conduira aux principes de Lamarck.

Il n'est pas inutile, avant d'entreprendre l'étude des animaux pluri-cellulaires, de rappeler une dernière fois que le principe de Darwin s'est présenté à nous, pour les plastides isolés, comme l'expression d'une vérité évidente. Si l'on a cru, dans certains cas, pouvoir le mettre en défaut, c'est que l'on a voulu déterminer *à l'avance* les conditions de l'aptitude à vivre dans un milieu et que l'on s'est trompé, que l'on a négligé un facteur important de cette aptitude. Cette erreur devient impossible si l'on définit le plus apte, *après coup*, par la constatation de sa persistance dans les conditions considérées.

CHAPITRE III
LES PRINCIPES DE LAMARCK

Certains plastides ont la propriété de produire au cours de leur vie élémentaire manifestée, des substances accessoires capables d'agglutiner, de retenir associés en une agglomération continue les plastides résultant de leurs bipartitions successives. C'est cette propriété qui donne naissance aux êtres supérieurs, animaux ou végétaux.

Les plastides constituant ces êtres sont bien plus rapprochés les uns des autres que ceux qui vivent librement dans un milieu liquide et, par conséquent, la *corrélation* dont nous avons constaté l'existence entre les plastides d'un même milieu limité sera bien plus immédiate et bien plus efficace entre les éléments histologiques d'un même animal. Bien plus, la surface de l'agglomération polyplastidaire limite une portion du milieu contenant tous les plastides de l'agglomération et dans laquelle tous ces plastides, sauf peut-être les plus superficiels, puisent leurs aliments et déversent leurs excréments. Cette portion du milieu général est ce qu'on appelle le *milieu intérieur* de l'être. Or le milieu intérieur est d'un volume comparable à celui des plastides qu'il contient, il sera donc modifié *très rapidement* par l'activité chimique des éléments histologiques, d'où pour ces éléments des alternatives d'assimilation et de destruction entraînant des variations quantitatives ; la corrélation est même si étroite entre les éléments du milieu intérieur que la variation d'un seul d'entre eux retentira immédiatement sur tous les autres, d'une manière plus ou moins manifeste.

La mort élémentaire surviendrait forcément très vite pour tous les éléments plongés dans le milieu intérieur si ce milieu n'était sans cesse renouvelé, à mesure qu'il s'épuise en substances alimentaires et se charge de substances excrémentitielles. Le renouvellement de ce milieu intérieur est ce qu'on appelle *la vie* de l'être polyplastidaire. Il n'est possible que grâce à une *coordination* définie existant entre les éléments de l'association et telle que l'activité de ces éléments renouvelle précisément le milieu intérieur.

Nous verrons plus loin comment le véritable principe énoncé par Darwin, c'est-à-dire la sélection naturelle appliquée aux individualités supérieures, explique l'existence de cette coordination chez les êtres vivant actuellement. Contentons-nous pour le moment, cette coordination étant considérée comme établie, de voir quelles en sont les conséquences pour les éléments histologiques des êtres élevés en organisation.

D'abord, le renouvellement du milieu intérieur se faisant avec une rapidité qui a une limite, le nombre des éléments qui, y puisant leur nourriture, peuvent être en même temps à la condition d'assimilation, a aussi une limite et les autres sont à la condition de destruction pendant le même intervalle. Il y a donc, pour les éléments histologiques, alternatives d'assimilation et de destruction, à cause de la lenteur du renouvellement du milieu.

Quand il y a compensation entre les pertes à la période de destruction et les gains à la période d'assimilation l'organisme est *adulte*. Alors il est certain que si, pour des raisons quelconques, l'assimilation est plus prolongée dans une partie du corps, la destruction sera également plus prolongée dans une autre partie ; l'hypertrophie en une région de l'organisme sera forcément accompagnée d'atrophie dans une autre région. C'est la loi du *Balancementorganique* établie au moyen de l'observation directe par Geoffroy Saint-Hilaire.

L'organisme étant adulte pour les raisons précitées, sa forme se fixe de plus en plus et devient de moins en moins capable de subir des modifications. En effet, parmi les substances accessoires à l'assimilation, il y a des substances solides qui, résistant par inertie à la condition de destruction, s'accumulent progressivement dans l'animal et constituent son squelette. C'est même l'envahissement fatal par ce squelette qui détermine la vieillesse des animaux.

Mais si l'animal se fixe ainsi dans sa forme générale, il est forcé que les conditions réalisées en chaque point du milieu intérieur soient aussi topographiquement déterminées ; or l'histologie résulte de ces conditions topographiques puisque les variations des éléments, sans cesse guidées par la sélection naturelle, sont, en chaque point, adaptatives aux conditions locales… L'anatomie histologique d'un adulte sera donc déterminée dans une espèce donnée et chacun sait que cela a lieu.

Revenons maintenant sur la *coordination* grâce à laquelle s'effectue le renouvellement du milieu intérieur. Ce renouvellement résulte d'un certain nombre de fonctions que l'on peut étudier séparément. Je considère l'une de ces fonctions, nécessaires à la conservation de la vie individuelle, et je définisorgane de cette fonction l'ensemble de tous les éléments histologiques dont l'activité contribue à son accomplissement.

L'activité d'un élément histologique d'un organe, au cours de l'accomplissement de la fonction de cet organe sera, par définition, le fonctionnement de cet élément histologique (en tant qu'il fait partie de l'organe considéré).

Or, cette activité peut avoir lieu de deux manières : à la condition d'assimilation et à la condition de destruction. Il peut donc se présenter trois cas :

1° Tous les éléments d'un organe sont à la condition de destruction pendant le fonctionnement de l'organe. Alors, par suite de la sélection naturelle, le fonctionnement répété de l'organe le fera forcément disparaître ou le modifiera et l'organe ne fait pas partie d'un animal véritablement adulte.[1]

2° Les éléments d'un organe sont les uns à la condition d'assimilation, les autres à la condition de destruction, pendant le fonctionnement de l'organe. Alors, le fonctionnement répété de l'organe, renforçant une partie de l'organe pendant qu'il en détruit une autre, le modifiera sans cesse de manière à n'en conserver que la partie qui assimile en fonctionnant ; l'organe ne fait pas partie d'un animal véritablement adulte.[2]

3° Les éléments d'un organe sont tous à la condition d'assimilation pendant le fonctionnement de l'organe. Alors, le fonctionnement répété de l'organe renforcera l'organe en le laissant semblable à lui-même, et c'est précisément la première loi que Lamarck ait tirée de l'observation de la nature :

« Dans tout animal qui n'a point dépassé le terme de ses développements, l'emploi plus fréquent et plus soutenu d'un organe quelconque fortifie peu à peu cet organe, le développe, l'agrandit et lui donne une puissance proportionnelle à la durée de cet emploi ; tandis que le défaut constant d'usage de tel organe l'affaiblit insensiblement, le détériore, diminue progressivement ses facultés et finit par le faire disparaître. »

Les déductions précédentes nous permettent d'établir une loi plus générale, de laquelle le principe de Lamarck est une conséquence. Dans tout organisme vraiment adulte, c'est-à-dire susceptible[3] de

---

1 Ou encore : le fonctionnement en question étant supposé nécessaire à la conservation de la vie de l'animal, l'atrophie de l'organe le rendra incapable de continuer à vivre. L'animal mourra.

2 Il le devient au bout de quelque temps quand toute la partie qui fonctionne à la condition n° 2 a disparu, ce qui conduit au cas suivant. C'est ce qui se passe pendant les périodes de transition quand les nécessités de la coordination déterminent un organe nouveau dans l'individu.

3 Mais non pour cela incapable de subir une modification en rapport avec les nécessités nouvelles se présentant dans le milieu extérieur ; il suffit pour que la loi d'assimilation fonctionnelle soit applicable, que l'organisme en question soit capable de continuer à vivre sans se modifier.

continuer à vivre sans se modifier, ou encore, coordonné définitivement par rapport aux conditions dans lesquelles il se trouve, un organe ne se compose que d'éléments qui, pendant son fonctionnement, sont à la condition d'assimilation. S'il n'en est pas ainsi, ou bien l'animal meurt, ou bien le fonctionnement même de l'organe élimine progressivement, par sélection naturelle, les éléments qui sont à la condition de destruction pendant qu'il s'exécute, et l'organe rentre ainsi dans la définition de la phrase précédente.

Mais, avec la conception très large, adoptée plus haut, de l'organe et de la fonction, un élément histologique peut appartenir à un grand nombre d'organes à la fois. Il faut naturellement que, pendant le fonctionnement de tous ces organes divers, il soit à la condition d'assimilation ; ceci amène à définir le fonctionnement de l'élément indépendamment de celui de l'organe et il devient indispensable, étant donnée la variété des modes d'activité des divers tissus, de définir ce fonctionnement par la condition d'assimilation même, et cela fait une vérité évidente de la loi d'*assimilation fonctionnelle* que j'ai établie récemment [1]:

« *Le fonctionnement d'un élément histologique n'est autre chose que l'une des manifestations extérieures physiques ou chimiques, propres à cet élément, des réactions qui déterminent précisément la synthèse de sa substance. Autrement dit : Le fonctionnement est un des phénomènes de la vie élémentaire manifestée de l'élément.* »

De même que nous l'avons vu plus haut pour la définition du plus apte, il est rare que l'on soit en droit de définir *a priori* une particularité quelconque résultant de la sélection naturelle ; on risquerait de se tromper et de négliger un facteur important. Il y a cependant quelques tissus dont le fonctionnement *utile à l'organisme* est immédiatement évident. Pour le muscle c'est la contraction, pour la glande, la sécrétion... etc., et il est certain d'après ce que nous venons de voir que le muscle se contracte, que la glande sécrète, à la condition d'assimilation. Mais pour les autres tissus à utilité plus complexe ou plus obscure, il vaut mieux s'en tenir à la définition *après coup* et définir *fonctionnement de ces tissus* leur activité à la condition d'assimilation...

Le premier principe de Lamarck est une conséquence immédiate de la loi d'assimilation fonctionnelle qui elle-même, j'espère l'avoir

1 *Théorie nouvelle de la vie*, Bibl. scient. internationale, Alcan, 1896.

montré dans les lignes précédentes, se déduit facilement de la sélection naturelle appliquée aux tissus ; or la sélection naturelle n'est que l'expression commode d'une vérité évidente.

·

Pour établir la loi d'assimilation fonctionnelle, nous avons défini l'organisme adulte un organisme *susceptible* de continuer à vivre sans se modifier, mais non, pour cela, incapable de subir une modification en rapport avec des nécessités nouvelles se présentant dans le milieu. Nous savons en effet que de tels organismes existent, nous en voyons des exemples dans tous les animaux qui nous entourent, mais nous savons aussi que ces animaux peuvent s'*adapter* à des conditions un peu différentes, ce qui, naturellement, nécessite une coordination nouvelle, l'apparition de nouveaux organes, le mot organe étant pris au sens très large qui a été défini plus haut.[1]

Quand un nouvel organe se crée ainsi sous l'influence des circonstances ou, si l'on veut, quand l'organisme exécute une opération qu'il n'a jamais exécutée et qu'il la répète souvent, il y a une période de transition au bout de laquelle, par balancement organique et sélection naturelle, un nouvel état adulte est obtenu, plus ou moins différent de l'ancien, de telle manière que la loi d'assimilation fonctionnelle se vérifie toujours.

Cet organe nouveau, né des circonstances extérieures, est ce qu'on appelle *un caractère acquis*.

Pour bien préciser la signification de ce terme, suivons l'évolution de l'organisme depuis son début, c'est-à-dire la complication progressive qui résulte de l'accroissement du nombre des plastides de l'agglomération, de la corrélation et de la sélection naturelle qui s'exercent dans le milieu intérieur, et enfin de la coordination nécessaire au renouvellement de ce milieu intérieur suivant les conditions réalisées dans le milieu extérieur.

On constate, à chaque instant de cette évolution, l'intervention de deux facteurs :

1° Ceux qui tiennent à la constitution même du plastide initial, de l'œuf d'où dérive l'être complexe étudié. Ces caractères sont évi-

---

1 Ensemble de *tous* les éléments histologiques qui collaborent à l'accomplissement d'une fonction, d'une opération aussi complexe qu'on le voudra.

demment les plus importants, puisqu'ils déterminent dans tous les cas l'*espèce* à laquelle appartient l'adulte ; l'œuf d'un hareng donne un hareng, l'œuf d'une sardine donne une sardine, l'œuf d'une poule donne un poussin. Ce sont les caractères congénitaux ou héréditaires.

2° Ceux qui tiennent à l'influence des circonstances extérieures auxquelles l'organisme doit s'adapter à chaque instant sous peine de mort ; ce sont les caractères dus à l'éducation[1] ou caractères acquis.

Il est bien certain que ces caractères sont morphologiquement moins saillants que les caractères héréditaires.

Quelles que soient les circonstances dans lesquelles s'est développé un hareng, il ressemble toujours plus à un autre hareng qu'à une sardine ou à un maquereau élevés dans le même milieu que lui.

Il est bien certain qu'il sera toujours difficile de faire la distinction entre les caractères acquis et les caractères héréditaires puisque, le développement ayant lieu une fois pour toutes, on ne peut comparer un être à ce qu'il aurait été sous l'influence d'une autre éducation ; de plus, quand on constate une différence entre deux individus de même espèce, on ne peut en général affirmer que cette différence est acquise et n'était pas prédéterminée dans les œufs puisqu'on ne sait pas analyser les œufs. Il y a cependant certains cas où l'influence de l'éducation est évidente ; par exemple si un homme se développe les bras en fendant tous les jours du bois, on est en droit d'affirmer que ce caractère est acquis par le métier qu'il fait, comme le développement des muscles des jambes chez les coureurs, mais il faut toujours craindre de se tromper dans une appréciation de cette nature, puisqu'on ne sait pas ce qui se serait passé dans d'autres circonstances. C'est pour cela qu'il est si difficile de trouver des exemples absolument inattaquables quand on discute l'hérédité des caractères acquis.

Il est possible, cependant, d'introduire un peu de précision dans le débat.

Je suppose qu'un œuf donné se développe dans des conditions absolument identiques à celles dans lesquelles s'est développé le

---

1 J'appelle éducation l'ensemble de toutes les circonstances qu'a traversées l'animal depuis l'état d'œuf jusqu'au moment où on l'étudie.

parent d'où il provient.[1] Il est certain que, si l'œuf fils était identique à l'œuf parent, le fils deviendra *identique* au parent dans le cas considéré et, en particulier, donnera naissance à des œufs *identiques* à celui d'où il provient, et ainsi de suite indéfiniment, si les conditions ne changent pas : pas la moindre variation, hérédité absolue. Cela a lieu dans certains cas et une théorie de l'hérédité doit expliquer que l'œuf fils puisse être identique à l'œuf parent.

Mais, supposons que, l'œuf fils se développant dans des conditions identiques à celles dans lesquelles s'est développé l'œuf parent, le fils diffère quelque peu du parent à l'état adulte. C'est évidemment que l'œuf fils différait de l'œuf parent, puisque s'il y avait eu identité entre les œufs, il y aurait eu aussi identité entre les adultes correspondants, comme nous venons de le voir.

Il faut donc qu'une variation soit intervenue au cours des bipartitions qui conduisent de l'œuf parent à l'œuf fils, et si nous nous en tenons à la considération des plastides eux-mêmes et non à celle de l'être formé par leur ensemble, nous disons naturellement, que cette variation représente un caractère acquis par les plastides au cours de ces bipartitions. Alors une question se pose. Y a-t-il parallélisme entre ce que nous avons appelé les *caractères acquis* par les êtres sous l'influence de circonstances nouvelles qu'ils ont traversées et les caractères acquis dans le même temps par les œufs qu'ils contiennent ?

Cela n'est pas évident *a priori* ; les caractères acquis par les êtres sont des caractères de coordination générale nécessaire au maintien de la vie et les caractères acquis par les plastides sont la conséquence de variations adaptatives soumises à la corrélation dans le milieu intérieur. Il y a cependant un lien entre les deux phénomènes.

Les phénomènes de cicatrisation, de régénération d'un membre coupé, montrent que, tant qu'un squelette rigide ne s'y oppose pas, la forme générale d'un être est précisément, à un moment donné, la forme d'équilibre d'une agglomération de plastides définis par les caractères chimiques qualitatifs et quantitatifs de l'espèce et de la variété considérées. Si donc, à un moment donné, une coordi-

---

1 Je néglige intentionnellement la complication qui résulte de la fécondation et je suppose le cas d'un œuf parthénogénétique comme celui de certains crustacés ou insectes.

nation nouvelle résulte de la création d'un nouvel organe, comme nous l'avons vu plus haut, sous l'influence des nécessités du milieu extérieur, l'équilibre n'existe plus, et puisque la forme générale doit conserver la modification acquise, sous peine de mort, il arrive naturellement que la sélection adaptative tend à transformer les plastides constitutifs de manière à en faire une variété nouvelle qui soit adéquate à la nouvelle forme générale de l'organisme. On conçoit donc qu'il y ait parallélisme entre les caractères acquis par l'être supérieur considéré et les variations synchrones de ses éléments histologiques. Je me contente d'indiquer ici ce parallélisme dont j'ai longuement développé la théorie dans un livre récent.[1] Qu'il suffise de savoir que tous les phénomènes d'hérédité sont explicables par la sélection naturelle appliquée aux tissus.

Je prends, pour m'expliquer, un exemple bien connu, celui de la girafe, qui a été donné par Nœgeli comme une objection irréfutable aux théories néo-darwiniennes.

Considérons l'ancêtre de la girafe à une époque où, sans avoir le cou long, cet être était adapté aux conditions dans lesquelles il vivait ; tant que ces conditions ne changeaient pas, l'hérédité était absolue dans l'espèce, l'œuf fils était identique à l'œuf parent, l'espèce était fixée.

Surviennent des conditions nouvelles ; quelques-uns de ces animaux se trouvent amenés à vivre dans un pays où le feuillage des arbres peut seul leur fournir la nourriture nécessaire ; il faut que le cou des animaux soit sans cesse tendu et, naturellement, ce cou s'allonge par assimilation fonctionnelle. L'œuf fils subit une modification parallèle et telle que, arrivé à l'état adulte, le fils, même sans avoir fait les mêmes efforts, aurait un cou un peu plus long que le parent avant l'effort ; mais, les conditions restant les mêmes, le fils fait lui-même un effort semblable à celui du père de sorte que l'assimilation fonctionnelle lui donnera un cou plus long que celui du parent même après l'effort ; l'œuf petit-fils subira une modification parallèle et ainsi de suite, le cou s'allongera de génération en génération jusqu'au moment où il sera assez long pour qu'aucun effort ne soit plus nécessaire. Alors l'espèce sera fixée, il y aura hérédité absolue, jusqu'à ce que de nouvelles conditions interviennent qui nécessitent une nouvelle modification dans un autre sens.

1 *Évolution individuelle et hérédité*, Bibli. sc. internationale, Alcan, 1898.

L'hérédité des caractères acquis par assimilation fonctionnelle est le second principe de Lamarck :

« Tout ce que la nature a fait acquérir ou perdre aux individus par l'influence des circonstances où leur race se trouve depuis longtemps exposée et, par conséquent, par l'influence de l'emploi prédominant de tel organe ou par celle d'un défaut constant d'usage de telle partie, elle le conserve par la génération aux nouveaux individus qui en proviennent, pourvu que les changements acquis soient communs aux deux sexes ou à ceux qui ont produit ces nouveaux individus. »

On voit que ces deux principes sont une conséquence de la sélection naturelle s'exerçant entre les tissus.

CHAPITRE IV
LE PRINCIPE DE DARWIN

Les animaux supérieurs jouissent donc de deux propriétés analogues à celles des plastides :

1° Ils se multiplient sans varier quand les conditions restent favorables et ne changent pas ;

2° Ils varient quand les conditions changent et ces variations acquises sont héréditaires.

C'est la constatation de deux propriétés analogues chez les plastides qui nous a permis d'établir pour eux, comme une vérité évidente, la loi de la persistance du plus apte ou sélection naturelle ; il est donc manifeste que cette loi s'applique de la même manière aux êtres élevés en organisation. Or c'est précisément pour eux que Darwin l'a énoncée ; c'est pour eux aussi que l'expression *lutte pour l'existence* est vraiment applicable et représente autre chose qu'une manière de parler imagée.

Reprenons l'exemple de la girafe ; au cours des variations de l'espèce, sous l'influence des conditions de milieu qui nécessitent l'allongement du cou, il y a certainement des différences individuelles et la sélection naturelle conserve les plus aptes, ce qui explique la disparition des types intermédiaires. C'est ici que se place le différend entre les néo-Lamarckiens et les néo-Darwiniens.

Les premiers admettent avec Lamarck que les variations des espèces résultent des nécessités de la coordination en rapport avec des conditions nouvelles d'existence (développement de certaines parties par usage réitéré, disparition de certaines autres par désuétude) et que ces variations sont héréditaires. Ils admettent en même temps avec Darwin que parmi les individus résultant des variations, la sélection naturelle choisit et conserve les plus aptes à prospérer dans les conditions du milieu. Nous avons vu que tout cela est parfaitement logique.

Les néo-Darwiniens, au contraire, prétendent qu'il n'y a aucune relation entre la variation des éléments reproducteurs et les caractères acquis par les animaux qui les contiennent, ce qui les amène à formuler les deux propositions suivantes :

1° Les variations apparaissent au hasard et sans relation avec l'utilité plus ou moins grande qu'elles peuvent avoir pour les individus, puisque les œufs n'ont pas reçu de modification parallèle à celles qu'ont déterminées chez les parents les nécessités de la vie, mais une modification fortuite tout autre.

2° Proposition qui est en réalité incluse dans la précédente : les caractères acquis ne sont pas héréditaires.

C'est donc la sélection naturelle *seule*, qui, appliquée directement aux animaux supérieurs, expliquera la complication progressive des organismes.

Les néo-Darwiniens sont ici plus exclusifs que Darwin qui n'avait jamais songé à nier l'hérédité des caractères acquis ; il avait au contraire tenté, assez malheureusement d'ailleurs, d'expliquer cette hérédité.[1]

Reprenons une dernière fois l'exemple de la girafe. Si les néo-Darwiniens admettent que parmi les petits d'une même portée, ou au moins d'une même génération, il s'est trouvé par hasard quelques monstres doués d'un cou énorme, la sélection naturelle suffira certainement à expliquer la conservation de ce type *plus apte* dans un pays où il n'y a d'autre nourriture que les feuilles des arbres. Il faut vraiment une foi robuste pour admettre que toutes les variations utiles à une espèce se sont toujours produites une première fois par hasard.

---

1 Théorie des Gemmules, voir plus bas, chap. VI.

Félix le Dantec

Mais supposons avec Nœgeli, ce qui d'ailleurs est très vraisemblable, qu'il y a eu seulement des petits qui avaient, par hasard, le cou *un peu* plus long que les autres. Ce caractère *congénital* se transmettra aux petits de la génération suivante parmi lesquels quelques-uns auront le cou encore plus long et ainsi de suite... Admettons par exemple qu'il ait fallu mille générations pour qu'apparût enfin une girafe avec le cou énorme que nous lui connaissons, chaque génération n'aura gagné qu'un millième de l'allongement du cou. Et vous croyez, dit Nœgeli, que cela aura suffi à donner à ceux qui étaient doués de cet allongement d'un millième une supériorité quelconque sur leurs frères à cou ordinaire ? Or, pour que ceux-là seuls se soient reproduits il faut admettre que ceux-là seuls ont été conservés par la sélection naturelle et cela n'est vraiment pas admissible dans les conditions où nous nous sommes placés.

Il faut donc admettre, si la sélection naturelle appliquée aux animaux supérieurs doit expliquer à elle seule la complication progressive des espèces, il faut admettre, dis-je, que *tous* les caractères utiles ont apparu brusquement, une première fois, par hasard, comme Huxley le raconte pour les moutons ancons,[1] hypothèse qui ne résiste pas à un examen scientifique sérieux. Autant vaudrait admettre qu'il s'est produit une première fois, par hasard, un œuf de poulet, ce qui trancherait toute difficulté.

Les néo-Darwiniens seraient sans doute moins intransigeants s'ils voulaient bien ne pas perdre de vue que les principes de Lamarck sont des conséquences directes de la sélection naturelle appliquée aux tissus.

Au lieu de raconter l'histoire de la formation des espèces en individualisant les agglomérations polyplastidaires que nous appelons animaux supérieurs, racontons-la en ne tenant compte que des plastides qui les constituent, comme si le monde était peuplé de plastides isolés. Alors, les néo-Darwiniens ont absolument raison, les variations sont absolument livrées au hasard, aucune n'étant déterminée par un but à atteindre, et c'est *ultérieurement* que la sélection naturelle intervient pour ne conserver que les plus aptes des variétés ; il y a adaptation après coup par sélection naturelle.

Mais les plastides isolés sont associés par groupes compacts (êtres supérieurs) dont chacun forme un ensemble assez distinct

1 Huxley, *L'origine des espèces*, Paris, 1892.

du reste du monde pour pouvoir être considéré comme un individu. Les plastides d'une telle agglomération ont une influence plus directe, les uns sur les autres, que sur les plastides extérieurs à l'agglomération ; aussi la corrélation et la sélection naturelle peuvent-elles être considérées comme s'appliquant surtout entre les plastides de l'individu polyplastidaire, de telle sorte que le résultat de cette corrélation et de cette sélection est *à chaque instant* un acte d'ensemble de l'individu. Or ces actes d'ensemble résultant d'une sélection *précédente* entre les tissus sont précisément adaptés à la fonction qui en résulte ; mais d'après les principes de Lamarck ce sont ces actes d'ensemble qui donnent au corps ses caractères nouveaux, comme nous l'avons vu, et ces caractères sont héréditaires.

Vous voyez donc que le langage des néo-Darwiniens, appliqué aux plastides isolés, conduit au langage des néo-Lamarckiens quand on passe des plastides aux êtres supérieurs qu'ils composent. Les variations, *quelconques* pour le plastide, sont triées par la sélection dans l'intérieur des organismes de telle manière que les actes des organismes soient adaptés et par suite aussi les variations qui en résultent.

On peut cependant concéder si l'on veut aux néo-Darwiniens que, même pour les êtres supérieurs, il y a des variations fortuites, c'est-à-dire des variations sans rapport avec les caractères acquis des parents, mais si ces variations ont donné naissance à des espèces nouvelles elles ne sauraient expliquer, ce que nous nous sommes proposé de faire ici, la complication progressive des organismes.

Nous comprenons bien en effet, maintenant, comment il se fait que, par le seul jeu des forces naturelles, des œufs de poulet aient apparu sur la terre. Prenez un à un tous les caractères complexes de l'anatomie ou de la physiologie du poussin ; chacun de ses caractères a été acquis au cours de l'évolution *par un être plus simple que le poussin* dans des conditions déterminées et ce caractère acquis pendant plusieurs générations a été définitivement fixé par l'hérédité. De sorte que, par la pensée, vous pouvez remonter de l'œuf de poulet actuel à des œufs de plus en plus simples, à des plastides dans lesquels sont déterminés à l'avance des phénomènes de développement de moins en moins nombreux, et arriver enfin à des monères tellement peu complexes que leur apparition chimique soit concevable. De plus, entre tous les adultes qui dérivaient de ces œufs de plus en plus complexes, la sélection naturelle choisissait les plus aptes et les mieux conformés, et c'est comme cela qu'existent aujourd'hui ces corps admirables qui, en vingt et un jours, donnent un poussin vivant sous l'influence d'une température et d'une aération convenables.

Il y a d'autres facteurs secondaires de l'évolution des êtres, je ne les étudierai pas ici. Qu'il me suffise d'avoir montré que le seul jeu de la sélection naturelle appliquée d'abord entre les éléments des tissus, ensuite entre les êtres supérieurs eux-mêmes, explique admirablement l'évolution progressive des organismes.

C'est l'immortel honneur de Darwin d'avoir introduit dans la science cette notion à la fois si simple et si féconde, mais ce sera toujours une tache à sa gloire, qu'il ait méconnu Lamarck.

DEUXIÈME PARTIE
ES NÉO-DARWINIENS ET L'HÉRÉDITÉ
DES CARACTÈRES ACQUIS [1]

> D. Cur opium facit dormire ?
> R. Quia est in eo
> Virtus dormitiva
> Cujus est natura
> Sensus assoupire.
> (Molière, *Malade imaginaire.*>

Combien avaient ri de la facétie de Molière qui ont accordé ensuite la plus profonde attention à la théorie laborieuse de Weissmann ? On a discuté avec passion la solidité de cet échafaudage d'hypothèses ingénieuses ; on en a tiré des conclusions inattendues ; on a nié des faits d'observation courante que ces conclusions contredisaient et beaucoup de savants de valeur se sont appliqués à montrer que l'observation avait été fautive dans tous les cas où elle n'était pas d'accord avec le système du naturaliste allemand.

Quelques-uns, cependant, se sont ravisés, ont cherché à la hase, et sont arrivés à se convaincre que des déductions très logiques

1 *Revue philosophique*, 1899.

peuvent conduire à l'erreur quand elles ont pour point de départ des prémisses erronées. On a donc étudié avec soin les hypothèses fondamentales de la théorie et l'on a montré que beaucoup d'entre elles sont difficiles à accepter. Bien plus, je voudrais montrer dans cet ouvrage qu'elles *n'existent pas*, ces hypothèses fondamentales, desquelles on a tiré des conclusions capables de faire vaciller la raison humaine. Ce sont le plus souvent de simples jeux de mots, des définitions analogues, à la *vertu dormitive* de Molière, définitions spécieuses dans lesquelles on emploie d'une manière plus ou moins adroitement dissimulée des termes contenant l'idée même de la chose à définir...

Mais une si gigantesque erreur n'est pas l'œuvre d'un seul homme et Weissmann, qui d'ailleurs y est arrivé seulement après une série de tâtonnements souvent contradictoires, n'a fait qu'entrer dans un courant d'idées vieux de plusieurs siècles. L'immortel Darwin l'y avait précédé de quelques années et avait contribué déjà avec ses *gemmules* à égarer l'opinion ; aussi Weissmann doit-il être considéré comme procédant de lui, non seulement à cause du rôle trop exclusif qu'il accorde, dans la formation des espèces, à l'admirable principe de la sélection naturelle, mais aussi, à cause des *particules représentatives* sur lesquelles il base son fragile échafaudage et qui dérivent directement des gemmules de Darwin.

Le système de Weissmann ne saurait donc être exposé sans être précédé d'une courte relation des idées antérieures qui l'ont préparé. Peut-être la genèse même de ce système convaincra-t-elle le lecteur de son peu de stabilité, mais si cela n'est pas suffisant, je pense qu'on pourra bientôt, malgré l'engouement momentané qu'il a provoqué, appliquer à ce brillant ensemble d'hypothèses les réflexions de Wallace sur le sort des théories fausses : « Il n'y a pas de preuve plus convaincante de la vérité d'une théorie générale que la possibilité d'y faire rentrer des faits nouveaux,[1] et d'interpréter par son moyen des phénomènes considérés auparavant comme des anomalies inexplicables. C'est ainsi que la loi de la gravitation et celle des ondes lumineuses ont été établies et universellement acceptées par la science. On leur a successivement opposé un grand nombre

1 Cela n'est pas arrivé pour le système de Weissmann ; il avait été établi en vue d'expliquer un certain nombre de fait connus et, pour l'étendre ensuite à d'autres faits, son auteur a dû introduire des hypothèses nouvelles, aussi nombreuses, aussi compliquées peut-être que les faits à interpréter

Félix le Dantec

de faits apparemment incompatibles avec elles, et tous, l'un après l'autre, ont été trouvés être les résultats nécessaires de la loi qu'on voulait combattre par leur moyen. Une théorie fausse ne résistera jamais à cette épreuve ; chaque jour amène à la lumière des faits dont elle ne peut rendre compte, et ses avocats diminuent, en dépit de l'habileté et du talent employés à la défendre.

Le grand nom d'Edward Forbes n'a pas empêché sa théorie de « la polarité de la distribution chronologique des êtres organisés » de mourir de sa belle mort ; mais un exemple plus frappant encore est celui du « système quinaire et circulaire de classification », proposé par Mac Leay, et développé par Swainson avec une science et une habileté qui n'ont pas été surpassées.[1] Cette théorie était éminemment séduisante... et cet ouvrage fut longtemps le meilleur et le plus populaire à l'usage de la nouvelle génération de naturalistes.

« Il fut aussi accueilli avec faveur par l'ancienne école, *ce qui était peut-être un signe de son peu de valeur.*[2] Un nombre considérable de naturalistes connus en parlèrent avec approbation ou soutinrent des opinions analogues, de sorte qu'elle fit du chemin pendant quelque temps ; dans des circonstances aussi favorables, elle aurait dû se consolider, *pour peu qu'elle contint un germe de vérité* ; elle s'éteignit cependant en quelques années. Son existence est aujourd'hui un simple fait historique et, si rapide fut sa chute, que son habile promoteur Swainson fut peut-être le dernier qui y ajouta foi. Tel est le sort d'une théorie fausse[3]... »

CHAPITRE V
L'EMBOÎTEMENT DES GERMES

La génération humaine a de tout temps étonné les philosophes et l'on trouve dans les ouvrages les plus anciens des tentatives d'explication de ce phénomène extraordinaire. Ces tentatives ne présentent aujourd'hui qu'un intérêt historique, au moins autant qu'elles sont antérieures à la découverte des éléments sexuels, mais l'on ne peut nier cependant qu'elles aient eu une influence considérable sur la manière dont les premiers observateurs au micros-

1 Sauf peut-être par Weissmann.
2 C'est toujours Wallace qui parle.
3 Wallace, *La sélection naturelle*, édit. française, p. 45.

cope ont interprété les résultats de leurs observations. Lorsque Leuwenhœk eut découvert le spermatozoïde, mobile et *par consé-quent vivant*, les idées anthropomorphiques régnantes amenèrent naturellement Hartsœker à supposer que cet être microscopique contenait un petit homme complètement formé ; quelques an-nées après Dalempatius *vit* ce petit homme et le dessina d'après nature ! Quoi de plus naturel, n'est-ce pas, puisque le chevreau devient chèvre en *grandissant*, que le chevreau lui-même dérive d'un tout petit chevreau semblable à lui-même.[1] Sic canibus ca-tulos similes ! Il est vrai, qu'en y regardant de près, l'homme n'est pas seulement un enfant grandi ; il y a d'autres modifications que des accroissements de parties. Cela est encore plus caractéristique pour la mouche qui provient d'un ver avec lequel elle a fort peu de ressemblance, etc. Mais on n'était pas arrêté pour si peu ; l'œuf maternel n'était qu'un milieu nutritif où le spermatozoïde croissait progressivement jusqu'à devenir visible et capable de vivre par lui-même. D'où provenait ce *spermatozoïde homunculus* ? Il préexistait dans le spermatozoïde précédent et ainsi de suite jusqu'au père Adam ; de même existent à son intérieur tous les spermatozoïdes des générations futures. C'est la théorie de l'*emboîtement des germes spermatiques*, longtemps soutenue par ceux qu'on a appe-lés pour cela les *spermatistes*. À côté d'eux, une école antagoniste, l'école *oviste*, attribuait à l'œuf la propriété de former à lui seul le nouvel être ; la fécondation donnait seulement une excitation phy-sique déterminant le développement, et les œufs étaient emboîtés les uns dans les autres, depuis la mère Ève jusqu'à la dernière des générations à venir.

Sous l'une ou l'autre de ces formes, la théorie de l'emboîtement des germes, attribuait *à l'un seulement* des éléments sexuels un rôle important dans la formation de l'individu. Indépendamment de l'emboîtement même dont nous trouverons un souvenir plus ou moins net dans les plasmas ancestraux de Weissmann, il reste à retenir de cette théorie bizarre l'hypothèse de la *préformation* de l'adulte dans l'élément microscopique d'où il provient.

Voilà une hypothèse dont la genèse est bien explicable ainsi que je

---

1 Mais comment le chevreau devient-il chèvre ? Quels sont les phénomènes de l'accroissement ? À quoi bon s'en préoccuper, c'est là un phénomène familier, donc il nous paraît tout simple et peut servir à *en expliquer (?)* d'autres !

l'ai déjà fait remarquer. Elle provient naturellement de la tendance que nous avons à considérer comme *simples* les phénomènes qui nous sont familiers. Nous voyons *grandir* les jeunes animaux et, par suite, nous concevons facilement qu'ils proviennent eux-mêmes, et par le même procédé, d'animaux semblables et plus petits, tellement petits même qu'ils ne soient plus visibles à l'œil nu. Et cependant, si l'on mettait devant nous, à côté du germe microscopique de l'animal futur, la masse totale des aliments aux dépens desquels se constituera son corps adulte, nous serions bien embarrassés pour nous rendre un compte exact de la manière dont s'effectuera le développement, même si nous découvrions au microscope dans le germe, l'image réduite et parfaite du corps qui en proviendra. N'est-ce pas à ce besoin d'explication que répond le vieux cliché : « Les corps vivants diffèrent des corps bruts en ce qu'ils s'accroissent par intussusception » ? Cela est tout simple et puisque cette *propriété* (?) spéciale met les êtres vivants en dehors de la physique et de la chimie, pourquoi nous entêter à vouloir chercher dans ces sciences précises une explication des phénomènes vitaux auxquels elles ne sont pas applicables ? On ne doit expliquer la vie que par la vie, et puisqu'il est notoire que les animaux jeunes *grandissent*, tout le développement se comprend sans peine.

Ce raisonnement, les partisans de la *préformation* l'ont fait implicitement sans s'en apercevoir ; il est donc naturel que leur théorie ne les ait conduits à aucun résultat puisque cette théorie considérait d'emblée comme insolubles les grands problèmes de la biologie. Comme conséquence d'une telle erreur de méthode, on a encore vu au commencement de ce siècle les descriptions extravagantes du grand micrographe Ehrenberg.[1] Dans les plus simples des protozoaires, cet anthropomorphiste irréductible a signalé les organes les plus variés, une constitution aussi compliquée que celle des hommes. Il a essayé d'expliquer les amibes par l'homme et c'est le contraire qu'il faut faire, car les fonctions de l'homme sont loin d'être simples quoiqu'elles nous soient très familières et que nous sachions les raconter avec des mots courants, parce que notre langage y est précisément adéquat.

---

1 Ehrenberg, *Die Infusionsthierchen als vollkommene Organismen*, Leipzig. 1838.

DEUXIÈME PARTIE

CHAPITRE VI
LES PARTICULES REPRÉSENTATIVES

Pour concevoir la préformation complète de l'animal dans l'élément sexuel, il fallait, de toute nécessité, admettre qu'un seul des éléments (mâle ou femelle suivant les théories) intervenait dans la formation de l'adulte, l'autre élément ne donnant au développement qu'une impulsion ou une alimentation nécessaires. Mais alors, comment comprendre que le jeune tienne à la fois des caractères de ses deux parents ? Comment le mulet se rapproche-t-il à la fois de l'espèce âne et de l'espèce cheval ? Il fallait des considérations baroques pour arriver[1] à l'expliquer et encore les explications enchevêtrées que l'on obtenait étaient-elles bien peu solides.

Depuis longtemps, Hippocrate avait été amené à accorder aux deux sexes une importance équivalente dans la procréation des jeunes. Cette théorie adoptée par Galien, mais négligée plus récemment par les spermatistes et les ovistes, a été reprise par Buffon. Or, si l'on accorde que les éléments mâle et femelle se combinent pour former le petit, que devient la théorie si séduisante de la préformation ? Comment expliquer que le nouvel être ressemble à des parents si compliqués ? C'est ici qu'intervient la théorie des particules représentatives. Comme il ne sera plus possible d'admettre que l'un des éléments sexuels était en réduction l'animal entier, il va falloir trouver quelque chose de nouveau pour comprendre comment toutes les parties du futur adulte sont *représentées* dans le germe provenant de l'union des sexes, car de supposer que toutes ces parties n'y sont pas représentées effectivement, Buffon, imbu des théories précédentes, n'y a pas songé.

On connait sa théorie des molécules organiques indestructibles ; ce qu'il y a de précis dans cette théorie, c'est cette erreur que les molécules vivantes existent dans la nature en nombre limité et ne peuvent ni se transformer en molécules brutes, ni se former aux

---

1 L'un des adeptes de l'école oviste, Bonnet, dit ce qui suit : « Le mulet provient d'un germe de cheval contenu dans la jument. Ce germe contenait tous les organes de l'animal, mais froissés, affaissés, plissés. La liqueur séminale de l'âne les gonfle, les déploie comme aurait fait celle du cheval, mais il gonfle et distend moins la croupe et les pattes et davantage les oreilles, ce qui fait que le produit est un peu différent de ce qu'il eût été si son père eût été un cheval. » Cité par Delage, *L'hérédité*. p. 356.

Félix le Dantec

dépens de ces molécules brutes. Les êtres vivants s'accroissent en se nourrissant aux dépens d'autres êtres vivants et la quantité totale de vie ne varie pas. Voici maintenant qui est moins précis et, que l'auteur n'explique pas assez : les liqueurs séminales du mâle et de la femelle comprennent des molécules organiques provenant des diverses parties du corps et, il faut le comprendre sans que Buffon le dise explicitement,*représentant* chacune pour son compte, la partie d'où elle provient. Une molécule venue du doigt indicateur droit *représente* le doigt indicateur droit, etc.

Quand a lieu la fusion des liqueurs séminales mâle et femelle, les molécules correspondantes (celles du doigt du père et celles du doigt de la mère) se réunissent et, par suite de leur réunion, cessent de se mouvoir, *se fixent* dans une position d'équilibre déterminée précisément par la situation topographique de l'organe des parents d'où elles proviennent, de telle manière que, par exemple, les molécules du doigt indicateur droit se placent à droite, entre celles du pouce et du médius de la même main, etc. Vous voyez que ces molécules *représentatives* des diverses parties du corps savent bien leur rôle, puisqu'elles ne se trompent pas de route et que le fils de l'homme est un homme comme son père. Indépendamment de la difficulté qu'éprouve notre raison à concevoir cette *détermination* de la place qu'occuperont dans l'embryon les molécules organiques provenant des divers organes des parents, détermination au moins aussi difficile à comprendre que le phénomène brut de la génération qu'il veut expliquer, je voudrais seulement attirer l'attention sur la valeur même de cette *vertu représentative* des molécules provenant des divers organes. Pourquoi le fils de l'homme a-t il un foie ? parce que dans l'embryon d'où il provient s'étaient glissées des molécules à vertu *hépative* et qui avaient puisé cette vertu bizarre dans un séjour prolongé au milieu du foie du parent ; elles pouvaient provenir d'ailleurs, ces molécules *hépatives*, d'un muscle de veau ou d'une cervelle de mouton, puisqu'un enfant, sans avoir jamais mangé de foie, aura cependant un foie étant adulte ; et il y a là une grosse difficulté que Buffon n'a pas signalée parce que tout le raisonnement que je viens de faire est implicite mais non développé dans sa théorie. Comment s'acquiert la vertu hépative, cette vertu extraordinaire qui ressemble tant à la vertu dormitive de Molière ? Buffon ne s'en est pas inquiété, mais Weissmann nous

DEUXIÈME PARTIE

l'expliquera fort ingénieusement, comme nous le verrons plus tard.

Il est impossible de ne pas retrouver dans cette théorie de Buffon une conséquence des théories précédentes de la *préformation*. L'embryon avec toutes ses molécules représentatives placées les unes par rapport aux autres exactement comme seront placés plus tard les organes de l'adulte et comme l'étaient ceux des parents, n'équivaut-il pas absolument à l'*homunculus* de Dalempatius ? Seulement, c'est un *homunculus* provenant à la fois de la substance paternelle et de la substance maternelle et s'il s'est constitué ainsi, semblable à eux, c'est à cause de la *vertu déterminative* des molécules organiques qui amène chacune d'elles à une place correspondant précisément à sa *vertu représentative*.

À l'époque où écrivait Buffon, les notions sur la structure intime du corps humain étaient trop rudimentaires pour qu'une tentative d'explication de la génération eût la moindre chance d'aboutir ; on ne peut donc reprocher au grand naturaliste de n'avoir pas réussi dans cet essai, mais il est regrettable qu'il se soit abusé lui-même et ait trompé ses contemporains par l'apparence scientifique de mots vides de sens, par des explications identiques, je le répète, à celles du médecin de Molière.

Il a fallu d'ailleurs que cette doctrine de la *préformation* fût profondément ancrée dans l'esprit des hommes, puisque nous allons la retrouver, légèrement dissimulée il est vrai, chez les plus grands savants d'une époque où la structure cellulaire et l'embryologie étaient déjà admirablement connues. Il est temps de poser le problème d'une manière précise :

L'œuf fécondé construit l'homme, par son activité propre, au moyen des matériaux qui sont à sa disposition, exactement comme l'abeille construit sa ruche par son activité propre, en se servant de produits qu'elle fabrique elle-même aux dépens de substances extérieures.[1] Un œuf d'homme ne peut pas construire un chien, mais une abeille ne peut pas construire un nid de guêpe ; les ruches sont caractéristiques des espèces.

1 Il y a bien une différence entre les deux cas que je compare : c'est que la substance même de l'œuf est employée dans la confection de l'homme, tandis que l'abeille existe encore en tant qu'abeille une fois la ruche faite, mais cela n'enlève pas de sa valeur à la comparaison ; il n'y a jamais identité entre deux choses que l'on compare : il suffit que ces deux choses soient comparables au point de vue où l'on se place.

Félix le Dantec

Est-ce que l'abeille ressemble à sa ruche ? Avez-vous jamais songé à trouver, dans l'abeille, la partie qui correspond à la cloison de droite de la troisième loge du deuxième rang ? Pourquoi alors voudriez-vous que l'œuf ressemblât à l'homme qu'il doit construire ? Ou, du moins, puisque le microscope permet aujourd'hui d'affirmer qu'il n'y a pas d'*homunculus* dans l'œuf,[1] pourquoi voulez-vous que le foie, le cerveau, y soient représentés par des particules définies ? Et cependant, *l'homme est déterminé dans l'œuf*, c'est-à-dire que, si vous fournissez à l'œuf les matériaux nécessaires dans les conditions convenables, cet œuf construira un homme et non un chien.

Mais la ruche aussi est déterminée dans l'abeille ; si vous fournissez à l'abeille les matériaux convenables, elle construira une ruche d'abeille et non un nid de guêpe, et cependant vous trouveriez extraordinaire qu'on voulût vous montrer dans la substance de l'abeille une particule représentative de la cloison de droite de la troisième loge du deuxième rang.

Je suppose même qu'on vous ait parlé de cette particule représentative, sans vous la montrer, naturellement, et sans vous expliquer *comment* elle est représentative d'une cloison particulière de la ruche, en serez-vous plus avancé ? Ne serez-vous pas aussi instruit en disant : « L'abeille a la propriété de construire une ruche » que si vous énoncez l'hypothèse : « l'abeille contient des particules dont chacune a la propriété de déterminer la formation d'une cloison donnée de la ruche » ? Qu'est-ce qui est plus clair : « L'opium fait dormir », ou bien : « L'opium a une vertu *dormitive* dont la nature est d'*assoupir les sens* » ? Voyons s'il y a quelque chose de plus dans les gemmules de Darwin.

Les gemmules de Darwin. — Avant que l'on connût la structure cellulaire du corps des animaux supérieurs, on ne limitait pas avec rigueur les *parties* auxquelles correspondaient les particules représentatives dans l'*homunculus* du germe. Y avait-il une seule particule pour le doigt indicateur de la main droite, ou bien y en avait-il une pour sa phalange, une pour sa phalangine et une pour sa phalangette ? Cela n'était pas précisé. Une fois la cellule connue, l'unité est parfaitement déterminée ; ce seront les cellules du corps

---

1 Et surtout que les premières formes du développement embryonnaire ne ressemblent pas le moins du monde à un homme.

qui seront représentées individuellement dans l'*homunculus* par des particules spéciales.

Tel est l'état de la théorie dans les gemmules de Darwin. Ces gemmules diffèrent quelque peu des molécules organiques de Buffon ; ainsi, par exemple, elles se *multiplient* dans les cellules qu'elles sont destinées à *représenter*, mais, à part quelques différences,[1] elles jouissent à peu près des mêmes propriétés que les molécules de Buffon. Chaque cellule de l'organisme produit un grand nombre de gemmules qui toutes *représenteront* exactement la cellule où elles sont nées telle qu'elle était au moment de leur naissance, et, qui toutes, voyageant ensuite à travers l'organisme, auront la vertu spéciale de donner à toute cellule *neutre* dans laquelle elles pénétreront les caractères de la cellule d'où elles proviennent. Car il ne faut pas oublier que pour Darwin la cellule n'est pas différenciée par elle-même ; elle est neutre et ne reçoit ses caractères que des gemmules qui y pénètrent et s'y multiplient…

Naturellement, comme pour les molécules de Buffon, une au moins des gemmules de chaque cellule du corps viendra dans chaque élément sexuel ; tout ovule ou tout spermatozoïde contiendra donc les gemmules représentatives de *toutes* les cellules de l'animal correspondant ; l'œuf fécondé contiendra des gemmules de toutes les cellules des deux parents. Voilà l'*homunculus* ! Mais les progrès de la microscopie et de l'embryologie ne permettent plus de croire que ces gemmules affectent, dans le germe, comme dans la théorie de Buffon, une disposition analogue à celle des organes de l'adulte. Est-ce à dire que les gemmules de Darwin n'auront en commun avec les molécules de Buffon que la *vertu représentative* et seront dépourvues de la *vertu déterminative* qui amenait chacune d'elles à une place correspondant précisément à sa *vertu représentative* ?

Pas le moins du monde ; seulement, cette *vertu déterminative*, au lieu de s'exercer immédiatement entre les gemmules qui sont dans l'œuf fécondé, s'exercera au fur et à mesure du développement ; l'œuf se segmente plusieurs fois consécutivement de manière à

1 Ces différences tiennent naturellement aux découvertes qui ont séparé Buffon de Darwin, découvertes infiniment nombreuses dans le domaine de l'histologie et de l'embryologie. Il est curieux qu'ayant eu à sa disposition les ressources de la structure cellulaire qu'ignorait Buffon, Darwin ait cru devoir chercher dans d'autres éléments invisibles et hypothétiques les facteurs de l'hérédité.

Félix le Dantec

donner naissance à toutes les cellules de l'organisme, mais ces cellules sont neutres par elles-mêmes et ne reçoivent leur différenciation que des gemmules qui y viennent.

Aussi les gemmules, grâce à leur *vertu déterminative*, se dirigent toutes comme il faut pour construire un adulte semblable aux parents ; celles de la phalangine du doigt indicateur gauche se rendront toutes là où *doit* se faire ce doigt indicateur gauche et y produiront qui un muscle, qui un os, qui un globule sanguin, suivant la *vertu représentative* de chacune. Et voilà ! Vous voyez bien qu'il y a toujours dans l'œuf un *homunculus* déguisé, inavoué, car si chaque gemmule n'a pas une place déterminée dans la morphologie de cet homunculus, elle a *en puissance* la propriété de la dessiner en grand dans l'adulte qui en proviendra. C'est peut-être encore plus compliqué que la théorie de Buffon et cela n'explique *rien* de plus ; c'est toujours la vertu dormitive de Molière.

Weissmann.– Avec Weissmann, nous faisons un pas de plus dans l'échelle de la complication sans en faire un seul dans le sens de la clarté et de la précision. Nous allons nous retrouver en présence des *vertus représentative* ou*déterminative*, des propriétés mystérieuses, des mots spécieux enfin qui dissimulent l'absence d'explication réelle des faits. Et ce qu'il y a de plus grave, c'est que ce système si complexe, son auteur va le croire assez infaillible pour se permettre de *nier*, en s'appuyant dessus, les résultats les mieux acquis de l'observation courante. Il est d'ailleurs merveilleux d'ingéniosité, ce système de Weissman, pourvu qu'on accepte le point de départ, les *vertus dormitives* sur lesquelles il est basé. Aussi l'auteur n'y est-il pas arrivé du premier coup ; il a publié un certain nombre d'essais successifs, qui se sont complétés, corrigés, contredits quelquefois ; je ne m'occuperai que des parties les plus importantes et les plus définitives de l'édifice, mais je crois inutile, après les considérations précédentes, de m'attacher à démontrer longuement que cet édifice laborieux est construit sur le sable et de montrer combien facilement s'y appliquent les réflexions de Wallace sur les théories qui sont fausses. Et d'abord, nous allons retrouver dans les *plasmas ancestraux* l'équivalent virtuel de l'emboîtement des germes. Les plasmas ancestraux sont des particules comprises dans le noyau des cellules reproductives et qui ont la vertu de *représenter les caractères des ancêtres*, ce qui explique (?) naturellement l'hérédité et l'atavisme. Ces particules jouissent comme les gemmules de Darwin de la propriété de se multiplier sans se modifier. Voici comment Weissmann explique la présence de nombreux plasmas ancestraux différents dans une cellule reproductive d'une espèce actuelle :

Les protozoaires ne contiennent qu'un seul plasma, *représentatif* de leur caractère spécifique ; or, au début il n'y avait que des protozoaires ; ces protozoaires se multipliaient par bipartition, leurs plasmas représentatifs aussi, de telle manière qu'il y eût toujours un plasma représentatif par individu. Ces protozoaires étaient susceptibles de varier et, je ne sais comment, leurs *plasmas représentatifs* variaient en même temps de manière à rester représentatifs des caractères actuels de leur propriétaire. Voilà donc, comme point de départ, un grand nombre d'espèces différentes de protozoaires ; quelques-uns pouvaient peut-être, par suite de certaines variations acquises, donner naissance à des agglomérations pluricellulaires, à cause d'une certaine adhérence entre les produits des bipartitions successives, mais, dans tous les cas, il n'y avait qu'un seul plasma représentatif et par conséquent, si j'ai bien compris, pas de différence entre les diverses cellules de l'agglomération. C'est bien là, il me semble, l'équivalent, mis au courant des progrès de l'histologie, de l'emboîtement des spermatistes.

Les choses en seraient restées à ce degré de simplicité si un phénomène nouveau ne s'était produit, le phénomène de la fusion de deux cellules d'espèce différente,[1] que Weissmann appelle fécondation quoiqu'en général nous considérions, actuellement au moins, la fécondation comme à peu près impossible entre des cellules qui ne sont pas de même espèce. Enfin, cela a pu ne pas se passer de la même manière autrefois, précisément avant que fussent constituées les espèces que nous connaissons aujourd'hui.

Pourquoi cette fusion entre des cellules dont chacune était capable de vivre par elle-même[2] ? Weismann n'en donne pas d'explication ou du moins il en donne une tellement téléologique que j'ose à

1 Car il me semble qu'on doit appeler cellules d'espèces différentes celles qui ont des plasmas représentatifs différents.
2 Actuellement on considère en général les éléments sexuels comme *incomplets* et incapables de vivre par eux-mêmes. Il faut l'intervention d'un autre élément in-complet *de la même espèce* pour donner au premier le pouvoir d'assimiler. (Voir *La sexualité*. Collection *Scientia*. Carré et Naud, 1899.)

peine croire qu'il lui ait attribué une importance quelconque ; cela était nécessaire d'après sa théorie même, pour que des êtres plus différenciés apparussent, et c'est pour cela que cette fusion s'est produite ! Mais quelle *vertu, déterminative ou autre*, exigeait l'apparition d'êtres plus différenciés ? Pourquoi *fallait-il* qu'il y eût au monde autre chose que des protozoaires ?

Néanmoins admettons cette fusion sans en chercher les raisons. La cellule qui en résultera contiendra *deux* plasmas représentatifs et accumulera ainsi les caractères des deux cellules parentes, de sorte que, si elle donne naissance à une agglomération polyplastidaire, par suite de l'adhérence réalisée entre les produits de ses bipartitions successives, il pourra y avoir dans cette agglomération des éléments de *deux espèces*, l'espèce du père et celle de la mère. Encore faudra-t-il pour cela que les bipartitions successives soient *thétérogènes* et séparent le plasma représentatif père du plasma représentatif mère dans quelques-unes au moins des cellules, sans quoi toutes les cellules seraient encore identiques quoique ayant des caractères multiples, ceux du père et de la mère tout à la fois. L'hypothèse des bipartitions hétérogènes s'impose donc dès le début dans le système de Weissmann.

Mais, néanmoins, il y aura des éléments de l'agglomération qui, par vertu spéciale, contiendront les deux plasmas représentatifs du père et de la mère, sans quoi le système de Weissmann ne pourrait pas s'élever.

Ces éléments spéciaux sont appelés éléments sexuels ; leur plasma *représentatif* s'appelle plasma *germinatif*. Si le père avait le caractère *a* et la mère le caractère *b*, le plasma germinatif du fils contiendra les caractères ($a + b$). Oui, mais cela ne suffit pas. À côté de cet être à caractère ($a + b$), une autre fusion de deux espèces avait créé un être à caractère ($c + d$). Eh bien ! les éléments sexuels de ces deux êtres à caractère double vont se fusionner pour donner une cellule à quatre plasmas représentatifs ($a + b + c + d$). Pourquoi cette nouvelle fusion de deux espèces différentes ? parce que, sans cela, il ne se formerait pas d'êtres supérieurs et Weissmann nous a déjà dit qu'il fallait des êtres supérieurs.

Voilà, en effet, que de cet être à quatre plasmas, il va pouvoir se former par bipartitions hétérogènes des cellules très différentes

DEUXIÈME PARTIE

(a, $a + c$, $b + c + d$, etc.) ou au moins de quatre types a, b, c, d suivant les hypothèses que l'on fera, et ici l'imagination a libre cours ; mais, néanmoins, il y aura toujours des éléments cellulaires spéciaux qui, par vertu spéciale, contiendront les quatre plasmas ancestraux ; ce seront les éléments sexuels ; c'est la *loi* (?) de la continuité du plasma germinatif.

Et ainsi de suite ; nous pouvons imaginer que ce petit manège se répète aussi souvent que nous le voudrons et quand nous l'aurons répété n fois nous aurons un être dont le plasma germinatif contiendra 2^n plasmas représentatifs ou plasmas ancestraux si vous préférez et qui, par conséquent, pourra présenter dans les diverses parties de son individu, par suite des bipartitions hétérogènes de son développement, les *caractères* de tous ses ancêtres. Nous, hommes, nous sommes le résultat de cette complication progressive et nous avons eu par conséquent, si j'ai bien compris, des grands-pères leucocytes, des grands-pères neurones, des grands-pères corpuscules olfactifs, voire des grands-pères poils de moustache... et aussi, dans la série intermédiaire, d'autres ancêtres (neurone + leucocyte) ou toute autre combinaison analogue.

Or, quelque petites que soient les particules représentatives, si leur nombre croissait indéfiniment, elles finiraient par ne plus pouvoir tenir dans un noyau cellulaire qui n'est jamais bien gros. Aussi aurions-nous pu croire qu'il arriverait un moment où les phénomènes de fusion de deux éléments cellulaires différents cesseraient, par suite d'une pléthore de caractères. Mais alors, l'évolution serait arrêtée ! Comment le progrès serait-il possible, puisque la sélection, cause de progrès, ne peut agir qu'entre des éléments variés et que, pour Weissmann, la seule cause de variation est dans cette fusion même ? Il *faut* pourtant qu'il y ait progrès !

Voici comment cela devient possible : au moment où s'est réalisée cette pléthore de caractères, les éléments sexuels, soucieux d'assurer l'avenir de leur espèce, ont pris l'habitude d'éliminer la moitié de leurs particules représentatives, et alors deux éléments réduits de moitié et différents peuvent, en se fusionnant, redonner une cellule qui a encore le nombre maximum de caractères possibles, mais cette fusion assure la variation, c'est-à-dire les chances de progrès et, désormais, cela continuera ainsi indéfiniment...

Félix le Dantec

Cette élimination d'une moitié des plasmas ancestraux, on la constate (?) dans la formation du second globule polaire qui détermine la maturation de l'ovule.[1] Le spermatozoïde apporte ensuite à l'ovule une autre demi-part des plasmas ancestraux et cela fait un œuf fécondé qui a toujours le nombre maximum de caractères possibles.

Et si, par erreur, l'ovule et le spermatozoïde avaient éliminé tous deux les plasmas ancestraux qui déterminent l'œil droit, l'œuf donnerait un produit pourvu de deux yeux gauches !

Tout ceci a l'air d'une plaisanterie et cependant c'est là véritablement la théorie des plasmas ancestraux de Weissmann. Indépendamment des critiques qui peuvent s'adresser aux raisonnements téléologiques de l'auteur, il y a un très grave reproche à lui faire au sujet de l'extension abusive des phénomènes sexuels.

Nous constatons aujourd'hui, d'une manière courante, la reproduction sexuelle des êtres, c'est-à-dire la fusion de deux plastides *d'une espèce donnée.* Que ces deux plastides n'aient plus chacun, par suite des phénomènes de maturation, que la moitié des caractères de l'espèce considérée, cela est parfaitement acceptable, mais néanmoins deux objections évidentes surgissent à ce sujet contre le système de Weissmann :

1° Pour être incomplets et ne présenter chacun que la moitié des caractères de l'espèce donnée, les deux plastides complémentaires dont nous constatons la fusion n'en sont pas moins de même espèce, tandis que le système de Weissmann exige, pour expliquer la formation progressive des êtres supérieurs, que, au moins au début, il y ait eu fusion de plastides n'ayant que des caractères différents. Toute fusion entre plastides ayant les mêmes caractères ne détermine aucun progrès. N'y a-t-il pas abus à appeler phénomènes sexuels, des fusions comme celles que place Weissmann au début de son échelle ascendante ? Et constatons-nous aujourd'hui rien de semblable entre des plastides autres que ceux qui proviennent par dédoublement, d'une même espèce plastidaire ? Avez-vous jamais vu la fusion d'une amibe et d'une paramécie ? Et n'est-ce pas là précisément l'analogue de la fusion de $(a + b)$ avec $(c + d)$? Mais la deuxième objection ajoute encore à l'importance de la première.

---

1 Voir *Les éléments figurés de la cellule et la maturation des produits sexuels.* (Revue scientif., 1899)

DEUXIÈME PARTIE

2° Voici deux plastides $(a + b)$ et $(c + d)$ *dont chacun a vécu jusque-là par lui-même*, c'est-à-dire, s'est multiplié par bipartition sans autre secours que celui des matériaux empruntés au milieu. Un beau jour, ils se rencontrent et se fusionnent en vue du progrès futur. Si vous voulez, nous supposerons pour simplifier que 4 est le nombre maximum de plasmas représentatifs dans un noyau cellulaire. Le raisonnement serait le même avec 2^n, seulement, on partirait alors des plastides avant un nombre de caractères égal à 2^{n-1}.

Le plastide $(a + b + c + d)$, plastide ayant le maximum de caractères, va se dédoubler en éléments sexuels, comme nous l'avons vu. Et ces deux éléments $a + b$ et $c + d$, ovule et spermatozoïde, vont désormais être *incapables* de vivre par eux-mêmes, c'est-à-dire d'assimiler et de se multiplier. Pourquoi cela ? Leurs grands-pères $(a + b)$ et $(c + d)$ s'étaient toujours multipliés par eux-mêmes jusqu'au jour de la fusion. D'où vient cette incapacité subite ? En d'autres termes, un ovule, moitié de plastide actuel, est toujours la reproduction exacte d'un ancêtre doué de bipartitions propres. Pourquoi donc Weissmann admet-il maintenant que la parthéno-génèse, ou bipartition propre d'un élément sexuel,[1] ne peut plus avoir lieu que si cet élément n'a pas subi la division réductrice de l'expulsion du deuxième globule polaire ? Autrement dit, pourquoi n'y a-t-il plus aujourd'hui, à pouvoir assimiler par eux-mêmes, que les plastides ayant 2^n caractères, alors qu'autrefois cette propriété d'assimilation était dévolue à des ancêtres qui n'avaient que 2^{n-1}, 2^{n-2},... 2, 1, caractères ?

La réponse est immédiate : *Ces prétendus ancêtres n'ont jamais existé*, puisque nous constatons que des êtres semblables à ce qu'ils ont dû être sont incapables de se multiplier. Donc la théorie des plasmas ancestraux, déjà si difficile à accepter avec toutes ses hypothèses téléologistes, est ÉVIDEMMENT FAUSSE.

Nous avons le droit d'affirmer que s'il y a eu des plastides ancêtres ayant deux fois moins de caractères (?) que les plastides actuels d'une espèce donnée (et cela, personne ne peut plus en douter, la complication progressive des espèces étant aujourd'hui au-dessus de toute discussion), s'il y a eu, dis-je, de tels plastides ayant deux fois moins de plasmas représentatifs dans leur noyau, ces plasmas

---

1 Bipartition propre, c'est-à-dire bipartition sans le secours d'un élément complémentaire.

représentatifs étaient forcément *différents* de ceux qui existent aujourd'hui, puisqu'aujourd'hui un plastide à 2^{n-1} plasmas actuels ne peut plus assimiler. Mais alors, tout le système de Weissmann s'écroule puisqu'il est uniquement basé sur l'intangibilité, l'immutabilité de ces plasmas représentatifs, qui conduisent à la continuité du plasma germinatif…

On a fait bien d'autres objections à la théorie des plasmas ancestraux ; celles que je viens de lui opposer suffiraient, il me semble, à la faire rejeter, même si l'on avait admis comme point de départ les *vertus dormitives* sur lesquelles elle est fondée.

Est-il bien nécessaire, au point où nous en sommes, de détailler les autres parties du système de Weissmann ? Il ne serait pas juste de faire ressortir ce que cette théorie a d'invraisemblable sans montrer aussi comment s'y est manifestée une ingéniosité extraordinaire, d'ailleurs dépensée en pure perte sur un sujet forcément stérile. Je ne puis m'étendre sur la jolie interprétation du premier globule polaire éliminant le plasma ovogène et je laisse de côté ce qui a trait aux plasmas ancestraux pour aborder la théorie parallèle des*déterminants*.

Les particules représentatives simples dont nous avons parlé jusqu'à présent, ne pouvaient, on l'a vu, quoi qu'en ait pensé Weissmann, *représenter*autre chose que les caractères isolés des protozoaires ancêtres, le neurone, le leucocyte, etc. Leur existence n'expliquerait donc que l'hérédité de l'histologie, et non l'hérédité des formes compliquées d'amas cellulaires, la forme du nez par exemple. Or, dans bien des cas on constate que le nez se transmet de père en fils pendant plusieurs générations. Les déterminants de Weissmann donnent la clef de ce phénomène :

Les caractères *élémentaires*[1] des cellules ont comme particules représentatives des *biophores* infiniment petits, qui, contenus dans le noyau, se diffusent[2] dans le protoplasma inerte et s'y distribuent d'une manière parfaitement déterminée sous l'influence d'une *vertu déterminative spéciale* ; c'est à cette distribution topographique de biophores (*homunculus* de 1er ordre) que chaque cellule, inerte en elle-même, doit toutes ses propriétés…

---

1 Quels sont ces caractères ? la longueur, la couleur, le poids, la forme… ? Comment des biophores peuvent-ils représenter tout cela ?
2 À travers les pores de la membrane du noyau.

Les biophores, doués naturellement de la multiplication par bipartition, sont *tous* représentés dans le noyau de l'œuf, dans le plasma germinatif ; mais ils n'y sont pas distribués au hasard ; tous les biophores destinés à une même cellule de l'adulte sont, déjà dans le plasma germinatif, unis en un groupement indissoluble, l'embryon de l'*homunculus* de 1er ordre de la phrase précédente ; ce groupement est le *déterminant* de la cellule considérée de l'adulte. Il suffit qu'il y ait, dans le plasma germinatif, un seul déterminant pour toutes les cellules qui seront semblables chez l'adulte;[1] le déterminant est en effet susceptible de se multiplier par division.[2]

Voilà pour les cellules ; mais les cellules ne sont pas distribuées au hasard chez l'adulte, pas plus que les caractères chez la cellule ; aussi les déterminants ne sont-ils pas répartis d'une manière quelconque dans le plasma germinatif. Tous les déterminants des cellules du nez seront, par exemple, réunis dans un groupement à structure spéciale, l'*homunculus* de 2e ordre ou *ide*. Mais c'est un *homunculus* honteux et déguisé comme celui des gemmules de Darwin ; il ne ressemble pas du tout physiquement au caractère morphologique qu'il déterminera, il en a seulement la *vertu déterminative*. L'*ide*, comme le déterminant, se multiplie par division !

Dans l'esprit de Weissmann, ce sont les ides qui sont les plasmas ancestraux ; mais alors ces plasmas ancestraux seraient plus compliqués que nous ne l'avons cru tout à l'heure puisque nous n'y trouvions que des caractères de protozoaires. Nous serons obligés, pour faire disparaître cette contradiction, d'admettre que les plasmas ancestraux primitifs *a*, *b*, *c*, *d*, se sont groupés successivement dans les êtres de plus en plus complexes, en groupements caractéristiques et intangibles qui se sont transmis ensuite de père en fils depuis ces ancêtres de second ordre et sont les ides actuelles.

Dans cette hypothèse, le nombre des caractères ancestraux réunis dans un même être est singulièrement diminué et je ne sais si Weissmann accepterait cette interprétation ; il vaut mieux s'en tenir avec Hartog à cette opinion que les plasmas ancestraux sont ceux des protozoaires ancêtres ; mais alors, tout se contredit !

1 Mais y a-t-il deux cellules *semblables* chez l'adulte ; y a-t-il deux neurones identiques ?

2 C'est simple à dire, mais difficile à concevoir, cette multiplication par bipartition de l'homunculus de 1er ordre ; ce sera encore bien pis chez l'homunculus de 2e ordre ou ide, etc.

Félix le Dantec

Je n'insiste pas sur la *lutte des déterminants* et autres choses ingénieuses ; un seul exemple montrera avec quelle facilité Weissmann a toujours répondu à la plupart des objections qu'on lui a posées par une hypothèse nouvelle. Voici un crabe adulte ; on lui casse une patte... elle repousse semblable à elle-même. C'est que, dit Weissmann, il existe des*déterminants de réserve* qu'un traumatisme seul a le pouvoir de mettre en activité. Et si le phénomène se reproduit, il invoquera *les déterminants de réserve 2ᵉ catégorie* !! Il manie avec une aisance incroyable ces déterminants si précieux ; il les rend actifs quand cela est nécessaire et les met en réserve quand il lui plaît sans nous dire pourquoi, et cela est bien commode pour expliquer la transmission héréditaire des caractères latents ! Mais toutes ces hypothèses sont au moins aussi compliquées que les faits dont elles donnent une explication et encore cette explication se réduit-elle à une formule spécieuse qui semble explicative quand on n'y fait pas attention ! Il est vraiment étonnant que ce système invraisemblable et fragile, cet échafaudage d'hypothèses compliquées ait provoqué un engouement si profond et si durable chez des philosophes et des naturalistes ; mais cet engouement inexplicable a été, au moins d'une manière, utile à la science en provoquant des études minutieuses sur l'*hérédité des caractères acquis*, ce fait capital de la biologie générale et de l'histoire de la formation des espèces, et que le système de Weissmann rend inadmissible.

Jusqu'à lui, tout le monde y avait cru, mais il s'est trouvé dans la nécessité de refuser d'y croire ou de renoncer à son système et il a bravement pris le premier parti. Les néo-Darwiniens se sont jetés à l'eau avec lui et ont combattu avec acharnement les néo-Lamarckiens partisans des acquisitions héréditaires ; on a épluché tous les faits jusque-là indiscutés de transmission de variations et de traumatismes ; on a trouvé que beaucoup étaient erronés ; on a cherché et on en a découvert de nouveaux plus probants ; on a fait des expériences et rien n'a peut-être été plus favorable au développement de la biologie générale que cette discussion acharnée. Il faut donc savoir gré à Weissmann du courage et de la ténacité dont il a fait preuve en soutenant malgré tout son système caduc et si ce système est, d'ores et déjà, rangé parmi les *théories fausses* dont parle Wallace, il aura du moins eu le mérite de provoquer un mouvement d'idées et des luttes savantes qui auront jeté une lumière nouvelle sur l'histoire de la vie à la surface de la terre. Rien n'a été plus profitable à Pasteur que l'entêtement de ses adversaires et Weismann aura fait pour la biologie générale ce que Pouchet, Trécul, Péter ont fait pour la microbiologie.

CHAPITRE VII
L'HÉRÉDITÉ DES CARACTÈRES ACQUIS

« Tout ce que la nature a fait acquérir ou perdre aux individus par l'influence des circonstances où leur race se trouve depuis longtemps exposée et, par conséquent, par l'influence de l'emploi prédominant de tel organe ou par celle d'un défaut constant d'usage de telle partie, elle le conserve par la génération aux nouveaux individus qui en proviennent, pourvu que les changements acquis soient communs aux deux sexes ou à ceux qui ont produit ces nouveaux individus.[1] » Malgré tout le mépris qu'il professe pour les œuvres de Lamarck,[2] Darwin a compris l'utilité incontestable de ce grand principe de l'hérédité des caractères acquis dans la formation des espèces et il a essayé de l'expliquer (?) par ses gemmules.

Vous savez que les gemmules qui *représentent* (!) les diverses cellules du corps, se multiplient dans les cellules pendant toute l'évolution de ces dernières et ont la *vertu* de représenter exactement ce qu'était la cellule hôte au moment précis où elles s'y sont formées. Cela admis, il est bien évident que si une cellule **A** *varie*, il se produira à son intérieur des gemmules nouvelles qui auront subi une variation *correspondante* et seront par suite aptes à représenter **A** sous son nouvel aspect. Or, dans l'hypothèse de Darwin, les gemmules ont le pouvoir de sortir sans cesse des cellules et de parcourir l'économie de manière à venir se fixer dans les produits sexuels. Chaque élément reproducteur contiendra donc des gemmules représentant ce qu'était la cellule **A** *avant et après* la variation.

Si la variation a été tardive le nombre des gemmules modifiées

1 Lamarck, *Philosophie zoologique*, Paris, 1809.
2 « Les œuvres de Lamarck me paraissent extrêmement pauvres, écrit Darwin. Je n'en tire pas un fait, pas une idée. »

Félix le Dantec

sera inférieur à celui des gemmules non modifiées et la variation de **A** ne sera pas héréditaire ; mais il n'en sera plus de même si la même variation se reproduit au cours de plusieurs générations successives, car alors le nombre des gemmules modifiées représentant **A** ira en croissant par rapport à celui des gemmules non modifiées et la variation finira par être définitivement acquise et transmise.

Il serait bien facile de montrer combien ce système des gemmules modifiées est inacceptable en lui-même, mais cela devient inutile étant donné que des expériences précises ont montré l'impossibilité de croire à la circulation des gemmules entre les cellules du corps et les éléments sexuels.[1] L'explication de Darwin doit donc être abandonnée.

Les néo-Darwinistes n'ont pas été arrêtés pour si peu. Darwin n'était pas assez Darwiniste et s'était laissé aller à prendre au sérieux le deuxième principe de Lamarck, celui de l'hérédité des caractères acquis, comme si ce principe était nécessaire et comme si la *sélection naturelle* n'était pas suffisante à *elle seule* pour expliquer la formation des espèces !

Weissmann échafaude un système horriblement compliqué de *biophores, déterminants, ides,* doués de vertus fantastiques et basés sur de pures hypothèses ; or ce système étant adopté, il devient patent que l'hérédité des caractères acquis est impossible ; il faut donc s'en passer et Weissmann s'en passe ; avec lui tous les néo-Darwiniens purs admettent comme démontrée l'impossibilité de la transmission héréditaire des variations.

Mais alors, fait remarquer De Vries, puisque Weissmann a *démontré* (!!) que cette transmission héréditaire n'a pas lieu, reprenons les gemmules de Darwin. Galton a prouvé que la circulation de ces gemmules est inadmissible. Oui, mais Darwin n'avait imaginé cette circulation que pour expliquer l'hérédité des caractères acquis ; or cette hérédité *n'existe pas*, donc la théorie de Darwin, débarrassée de cette hypothèse démontrée fausse, subsiste tout en-

---

1 Voir *Galton* : « Experiments in Pangenesis by breeding from rabbits of a pure variety, into whose circulation blood taken from other varieties had previously been largely transfused. » (*Proceed. roy. soc.*, 1871.) — Darwin a vainement essayé de réfuter les arguments de Galton dans *Pangenesis* (*Nature*, 1871).

tière et suffit à l'explication de tous les faits d'hérédité reconnus vrais. Aussi De Vries reprend-il les gemmules en les mettant seulement au courant des découvertes plus récentes de l'histologie.

Voilà, brièvement résumée, l'histoire de cette négation de la transmission héréditaire des variations, négation qui est devenue la base même du système néo-darwinien. Darwin, essayant d'expliquer le fait énoncé par Lamarck, imagine la circulation des gemmules que Galton démontre fausse. Weissmann échafaude son système dans lequel l'hérédité des caractères acquis est impossible ; les néo-Darwiniens, considérant le fait comme démontré, s'acharnent à prouver qu'il y a eu erreur toutes les fois qu'on a cru à l'hérédité d'une variation et que la sélection naturelle *suffit* à expliquer la formation des espèces actuellement vivantes avec leurs merveilleuses adaptations fonctionnelles.

J'ai déjà exposé, dans la première partie de cet ouvrage, le principe admirable de la sélection naturelle ; j'ai essayé de montrer que ce principe est l'expression d'une *vérité évidente* et que sa simplicité et son ampleur en font peut-être la plus merveilleuse conception du génie humain. Il n'est pas inutile de rappeler ici sous quelle forme son auteur l'a lui-même présentée au public et de montrer en même temps comment elle a pu donner prise à l'objection de téléologisme que lui a faite Flourens et qui a, tout récemment encore, été ressuscitée dans la *Revue scientifique*.

« J'ai donné le nom de *sélection naturelle* ou *persistance du plus apte* à la conservation des différences et des variations individuelles favorables et à l'élimination des variations nuisibles… Plusieurs écrivains ont mal compris ou mal critiqué ce terme de *sélection naturelle*. Les uns se sont même imaginé que la sélection naturelle amène la variabilité, alors qu'elle implique seulement la conservation des variations accidentellement produites, quand elles sont avantageuses à l'individu dans les conditions d'existence où il se trouve placé. Personne ne proteste contre les agriculteurs quand ils parlent des puissants effets de la sélection effectuée par l'homme ; or, dans ce cas, il est indispensable que la nature produise d'abord les différences individuelles que l'homme choisit dans un but quelconque. D'autres ont prétendu que le terme *sélection* implique un choix conscient de la part des animaux qui se modifient, et on a même argué que, les plantes n'ayant aucune volonté, la sélection naturelle ne leur est pas applicable.

Dans le sens littéral du mot, il n'est pas douteux que le terme *sélection naturelle* ne soit un terme erroné ; mais qui donc a jamais critiqué les chimistes parce qu'ils se servent du terme *affinité élective* en parlant des différents éléments ? Cependant on ne peut pas dire, à strictement parler, que l'acide choisisse la base avec laquelle il se combine de préférence. On a dit que je parle de la sélection naturelle comme d'une puissance active ou divine ; mais qui donc critique un auteur lorsqu'il parle de l'attraction ou de la gravitation comme régissant les mouvements des planètes ? Chacun sait ce que signifient, ce qu'impliquent ces expressions métaphoriques nécessaires à la clarté de la discussion. Il est aussi très difficile d'éviter de personnifier[1] le nom *nature* ; mais, par *nature*, j'entends seulement l'action combinée et les résultats complexes d'un grand nombre de lois naturelles ; et par *lois* la série de faits que nous avons reconnus. Au bout de quelque temps on se familiarisera avec ces termes et on oubliera ces critiques inutiles.[2] »

Cette prévision de Darwin s'est vérifiée en partie ; il n'y a plus aujourd'hui aucun savant méritant ce nom qui n'accepte pleinement le rôle de la sélection naturelle dans tous les phénomènes de la biologie générale ; mais en dehors des savants proprement dits, combien de critiques insensées sont adressées à ce principe par des gens qui ne l'ont pas compris ! Huxley dit que Darwin, dans son livre immortel, apporte trois genres de preuves à son hypothèse. Ce n'est pas vrai ; Darwin apporte des preuves de la possibilité d'expliquer la formation des espèces par la sélection naturelle, mais il n'apporte pas de preuve de la sélection naturelle elle-même et il n'en apporte pas parce qu'il n'y en a pas ; ce n'est pas une hypothèse, c'est une *vérité évidente*, une vérité de La Palice. Je ne reviens pas sur ce fait que j'ai déjà exposé ailleurs.[3] La *persistance du plus apte* est indiscutable pourvu que l'on sache bien quel est *le plus apte* dans les conditions considérées et que l'on n'oublie *aucun* des éléments qui entrent en jeu dans la lutte ; on y arrive d'une manière certaine si l'on veut bien définir *a posteriori* le plus apte, celui qui a persisté. Cela suffit à Darwin et vous voyez que, bien comprise,

1 Voir *l'Individualité et l'erreur individualiste* (Bibl. philos. contemporaine, 1898).
2 Darwin, *l'Origine des espèces au moyen de la sélection naturelle*, trad. Barbier, p. 86.
3 *Les Théories néo-lamarckiennes*, Revue philos., 1897, novembre, p. 461 et suiv.

DEUXIÈME PARTIE

la sélection naturelle n'est même pas, comme on l'a dit souvent, un *facteur* de l'évolution, c'est une simple manière de raconter des faits qui sont de toute nécessité, manière infiniment précise et combien féconde ! Il faudrait ne jamais perdre de vue la remarque que je viens de faire, quand on lit les ouvrages de Darwin, surtout aux endroits où le grand biologiste, se laissant entraîner par son sujet, emploie un langage imagé dans lequel il personnifie la sélection naturelle et prête le flanc aux critiques[1] de mauvaise foi : « On peut dire, par métaphore, que la sélection naturelle*recherche* à chaque instant, et dans le monde entier, les variations les plus légères ; elle *repousse* celles qui sont nuisibles, elle *conserve* et *accumule*celles qui sont utiles ; *elle travaille* en silence, insensiblement, partout et toujours, dès que l'occasion s'en présente, pour améliorer tous les êtres organisés relativement à leurs conditions d'existence organiques et inorganiques. Ces lentes et progressives transformations nous échappent jusqu'à ce que, dans le cours des âges, la main du temps les ait marquées de son empreinte et, alors, nous nous rendons si peu compte des périodes géologiques écoulées que nous nous contentons de dire que les formes vivantes sont aujourd'hui différentes de ce qu'elles étaient autrefois.[2] »

Une des conditions nécessaires pour que la sélection naturelle puisse s'exercer avantageusement est que le nombre des individus qui persistent soit trié dans un nombre *beaucoup plus grand* d'individus produits ; or écoutons Wallace :

« On admet souvent que l'abondance d'une espèce dépend avant tout de sa plus ou moins grande fécondité. Mais les faits nous feront voir que cette condition n'y est que pour peu de chose ou pour rien. L'animal le moins prolifique se multiplierait rapidement, si rien ne s'y opposait ; tandis qu'évidemment la population animale du globe doit rester stationnaire... Par exemple, l'observation nous fait voir que le nombre des oiseaux ne s'accroit pas

---

1 « Il est curieux d'observer le langage que prend Darwin quand il veut décrire la structure des orchidées ; il néglige complètement la réserve que l'on doit mettre à attribuer des intentions à la nature. L'intention est la seule chose qu'il voie. Exemple : « Le labellum développé *prend* la forme d'un nectaire prolongé *afin d'attirer* des lépidoptères... le nectar est place *à dessein* et ne peut être absorbé que lentement,*dans le but* de laisser à la substance visqueuse le temps de devenir sèche et dure. » (Duc d'Argyll, *Règne de la loi.*)
2 Darwin, *op. cit.*, p. 90.

Félix le Dantec

annuellement suivant une progression géométrique, ainsi que cela aurait lieu, si quelque obstacle puissant ne s'opposait à leur multiplication. Presque tous les oiseaux produisent au moins deux petits chaque année ; beaucoup en ont six, huit ou dix ; si nous admettons que chaque famille ait des petits quatre fois dans sa vie, nous resterons encore au-dessous de la moyenne, supposant qu'ils ne périssent pas par la violence ou le manque de nourriture. Cependant, à ce taux-là, à quel chiffre énorme s'élèverait la postérité d'un seul couple en quelques années ! Un calcul simple montre qu'en quinze années elle dépasserait le nombre de dix millions ! En réalité, nous n'avons aucun motif pour croire que le nombre des oiseaux d'un pays s'accroisse d'une quantité quelconque dans le cours de quinze ans ni de cent cinquante ans. Après une pareille puissance de multiplication, chaque espèce doit avoir atteint ses limites, peu d'années après son origine, et reste alors stationnaire. Il est donc évident que chaque année, il doit périr un grand nombre d'oiseaux ; en fait, *autant qu'il en naît* ; or, la progéniture annuelle, évaluée au plus bas chiffre, est égale au double du nombre des parents ; par conséquent, quel que soit le nombre moyen de tous les individus existant dans un pays donné, il en *périt chaque année un nombre double* ; résultat frappant, mais qui parait pour le moins très probable et qui, peut-être, reste plutôt au-dessous de la vérité. Il semble par conséquent que, pour ce qui concerne la continuation de l'espèce et le maintien du nombre moyen des individus, des couvées nombreuses sont superflues. En moyenne, tous les petits, sauf un seul, deviennent la proie des faucons, des vautours, des chats sauvages et des belettes, ou bien périssent de froid ou de faim pendant l'hiver.[1] »

Il est donc bien certain que, chez les oiseaux, la sélection naturelle a un vaste champ d'action ; elle en a encore un plus considérable chez les êtres qui, comme les harengs, pondent annuellement des milliers d'œufs ! Mais, Darwin le fait très honnêtement remarquer, il doit y avoir, pour tous les êtres, de grandes destructions accidentelles qui n'ont que peu ou pas d'influence sur l'action de la sélection naturelle. « Par exemple, beaucoup d'œufs ou de graines sont détruits chaque année ; or la sélection naturelle ne peut les modifier qu'autant qu'ils varient de façon à échapper aux attaques

---

1 Wallace, *La sélection naturelle*, p. 31.

de leurs ennemis. Cependant, beaucoup de ces œufs ou de ces graines auraient pu, s'ils n'avaient pas été détruits, produire des individus mieux adaptés aux conditions ambiantes qu'aucun de ceux qui ont survécu.[1] » Ici, il me semble que Darwin se fait une objection gratuite ; la sélection naturelle agit de la même manière aux différentes époques de la vie et telle variété moins bien douée à l'état adulte, pourra l'emporter dans un pays sur telle autre qui, sous la forme d'œufs ou de larves, aura présenté moins de résistance *aux causes accidentelles de destruction.*

L'avantage de la protection peut se faire sentir de n'importe quelle manière à n'importe quelle époque de la vie. Les inoffensives tipules, proie facile de tous les oiseaux, mais dont les œufs et les larves sont bien protégés, sont beaucoup plus nombreuses que telle autre espèce d'insecte beaucoup mieux armée à l'état adulte...

Avant de quitter ce sujet de la sélection naturelle, je veux montrer par un exemple très simple comment peuvent se fixer des caractères en *apparence* inutiles et ayant même tout l'aspect d'objets de luxe :[2]

« Certaines plantes sécrètent une liqueur sucrée, apparemment *dans le but*[3] d'éliminer de leur sève quelques substances nuisibles. Cette sécrétion s'effectue, parfois, à l'aide de glandes placées à la base des stipules chez quelques légumineuses et sur le revers des feuilles du laurier commun. Les insectes recherchent avec avidité cette liqueur, bien qu'elle se trouve toujours en petite quantité ; mais leur visite ne constitue aucun avantage pour la plante. Or supposons qu'un certain nombre de plantes d'une espèce quelconque sécrètent cette liqueur ou ce nectar à l'intérieur de leurs fleurs. Les insectes en quête de ce nectar se couvrent de pollen et le transportent alors d'une fleur à une autre. Les fleurs de deux individus distincts de la même espèce se trouvent croisées par ce fait ; or le croisement, comme il serait facile de le démontrer, engendre des plants vigoureux qui ont la plus grande chance de vivre et de se perpétuer. Les plantes qui produiraient les fleurs aux glandes

1 Darwin, *op. cit.*, p. 93.
2 Lisez dans Wallace, *op. cit.*, p. 283, l'admirable explication de la structure d'une orchidée par la sélection naturelle.
3 Toujours ces métaphores qui ont fait porter contre Darwin l'accusation injuste de téléologisme. Les substances R exsudent naturellement par diffusion en certains endroits de la plante (voir *Théorie nouvelle de la vie*).

Félix le Dantec

les plus larges et qui, par conséquent, sécréteraient le plus de liqueur seraient plus souvent visitées par les insectes et se croiseraient le plus souvent aussi ; en conséquence, elles finiraient, dans le cours du temps, par l'emporter sur toutes les autres et par former une variété locale. Les fleurs dont les étamines et les pistils seraient placés, par rapport à la grosseur et aux habitudes des insectes qui les visitent, de manière à favoriser, de quelque façon que ce soit, le transport du pollen, seraient pareillement avantagées. Nous aurions pu choisir pour exemple des insectes qui visitent les fleurs en quête du pollen au lieu de la sécrétion sucrée ; le pollen ayant pour seul objet la fécondation, il semble au premier abord que sa destruction soit une véritable perte pour la plante. Cependant, si les insectes qui se nourrissent de pollen transportaient de fleur en fleur un peu de cette substance, accidentellement d'abord, habituellement ensuite, et que des croisements fussent le résultat de ces transports, ce serait encore un gain pour la plante que les neuf dixièmes de son pollen fussent détruits.[1] Il en résulterait que les individus qui posséderaient les anthères les plus grosses et la plus grande quantité de pollen, auraient plus de chance de perpétuer leur espèce. Lorsqu'une plante, par suite de développements successifs, est de plus en plus recherchée par les insectes, ceux-ci, agissant inconsciemment, portent régulièrement le pollen de fleur à fleur ; plusieurs exemples frappants me permettraient de prouver que ce fait se présente tous les jours… On peut comprendre ainsi comment il se fait qu'une fleur et un insecte puissent lentement, soit simultanément, soit l'un après l'autre, se modifier et s'adapter mutuellement de la manière la plus parfaite, par la conservation continue de tous les individus présentant de légères déviations de structure avantageuses pour l'un et pour l'autre.[2] »

Les deux citations précédentes, empruntées à dessein aux deux savants qui ont presque simultanément découvert l'importance de la *sélection naturelle*, suffisent à montrer comment cet admirable principe facilite la compréhension de la formation des espèces. À ce sujet il n'y a pas de dissentiment entre gens de science ;

---

1 Comparez avec la citation précédente de Wallace dans laquelle il est dit que les nombreuses couvées n'augmentent pas en définitive le nombre des individus ; il vaut mieux, pour une espèce, un nouveau caractère utile qu'une prolifération plus abondante.

2 Darwin, *op. cit.*, p. 160.

Lamarckiens et Darwiniens sont d'accord. Mais il est immédiatement évident que l'interprétation tomberait si les caractères acquis
n'étaient pas héréditaires ; il est évident aussi que la sélection ne
peut agir que lorsque des variations se sont produites ; c'est sur ces
deux points que combattent avec acharnement les partisans des
deux écoles néo-lamarckienne et néo-darwinienne.

CHAPITRE VIII
LA VARIATION ET SES CAUSES

La variation est une chose d'observation courante ; il n'y a pas
deux hommes qui se ressemblent absolument et si l'on créait par la
pensée un type moyen réunissant tous les caractères des hommes,
chaque individu de notre espèce différerait de ce type moyen par
une majoration de certains caractères et par une diminution de
certains autres. À mesure qu'il naît de nouveaux individus, on
constate donc, pour chaque caractère, une oscillation autour d'une
certaine moyenne et souvent même des divergences fortement ac-
centuées. Nous sommes plus habitués à observer cette variation
dans l'espèce humaine, mais elle a lieu également dans les autres
espèces et il vaut mieux, dans le cas présent, choisir nos exemples
chez les animaux qui ne sont pas, comme nous, soustraits par les
avantages de la vie sociale à l'action de la sélection naturelle.

Chez les animaux supérieurs, qui ne se reproduisent que par fusion d'éléments de sexes différents, un jeune tient toujours certains
caractères de son père et d'autres de sa mère. On est en droit d'affirmer que si tel père a eu un jeune donné **A** de son accouplement
avec une femelle donnée, il eût eu un jeune différent **B** de son accouplement avec toute autre femelle, précisément parce que toutes
les femelles sont *différentes*, comme d'ailleurs aussi tous les mâles.

Il y a donc, dans la reproduction sexuelle, un élément certain
de variation individuelle autour d'un type moyen, par suite des
différences préexistantes entre les individus de même sexe d'une
espèce donnée ; seulement vous pouvez voir facilement que si la
reproduction sexuelle entretient la variété des types, elle ne la crée
pas ; si toutes les femelles étaient *identiques*,[1] le même mâle *pour-*

---

1 Il s'agit naturellement d'une identité *absolue*, d'où résulterait, par exemple,

rait leur donner des produits identiques ; si tous les mâles étaient aussi *identiques* entre eux, les croisements ne produiraient plus de variation. Mais il faut immédiatement remarquer que cette supposition est absurde, puisque par suite même de l'évolution individuelle qui est sa vie, le même mâle diffère de lui-même à deux époques distinctes de son existence ; de même la même femelle, et c'est pour cela que deux jumeaux se ressemblent toujours plus que deux frères d'âge différent. Il est donc bien certain que la génération sexuelle entretient la variété des individus dans une espèce donnée, mais c'est seulement par une série d'oscillations autour d'un type moyen,[1] tandis que pour les néo-Darwiniens, l'amphimixie est la source la plus importante desvariations ; nous avons vu quel abus Weissmann a fait de cette fusion d'éléments différents dans sa théorie des plasmas ancestraux et l'explication de la complication progressive des organismes. Rien n'est plus trompeur que cette divergence progressive des descendants d'un même couple, au moins en tant qu'elle est *uniquement* basée sur les mélanges successifs des plasmas germinatifs de Weissmann. On ne s'y laisserait pas si aisément prendre si l'on regardait en arrière par le même procédé qu'en avant.

Voici un homme, il y a deux siècles, en 1698. Je suppose qu'il ait eu deux enfants, puis chacun de ceux-ci deux enfants et ainsi de suite jusqu'à aujourd'hui pendant huit générations. Ses descendants de la huitième génération sont aujourd'hui au nombre de 2^8, ou 256, et il y a entre ces individus, tous différents, de grandes différences individuelles résultant des mélanges de plasmas germinatifs.

Mais, au lieu de descendre, remontons de deux siècles.

L'homme considéré en 1698, a eu deux parents ; chacun de ceux-ci en avait deux, et ainsi de suite, de telle manière qu'en 1498 il y avait 256 individus,[2] desquels est descendu, au bout de huit géné-

---

l'identité de tous les ovules mûrs à la fois chez toutes les femelles.

1 Il semble même établi aujourd'hui que la fécondation croisée a pour résultat d'entretenir le type moyen d'une espèce (voir *La sexualité*, op. cit.).

2 Sauf mariages entre parents ; or ces mariages, je ne sais si Weismann y a songé, sont nécessaires. Si dans la série de nos ascendants il n'y a pas eu de mariages consanguins, les gens dont je descends étaient il y a 8 siècles, c'est-à-dire 32 générations, au nombre de 2^{32} ou plus de 4 milliards et il y a 12 siècles, de plus de 250 trillons ! Les mariages consanguins sont donc obligatoires et dans une grande proportion, ce qui réduit de beaucoup la possibilité de variation par fusion de plasmas

rations, l'homme considéré. Voyez-vous une raison, dans la théorie des plasmas ancestraux, pour qu'il y ait plus de différences individuelles entre les 256 descendants qu'entre les 256 ascendants de notre individu ? La génération sexuelle ne fait que remanier les caractères différenciels préexistants ; elle n'en crée pas. Au contraire, on tend de plus en plus à admettre que le résultat de l'amphimixie est de fixer le type moyen des espèces en faisant disparaître les variations fortuites.

Supposez maintenant qu'une branche de la famille de tout à l'heure soit allée s'installer en Algérie, il y a 6 générations, et y soit restée depuis ; il y aura aujourd'hui 2^6, c'est-à-dire 64 descendants de notre homme qui seront des Algériens et qui différeront des 192 autres descendants du même ancêtre par des caractères acquis sous *l'influence des conditions de milieu* ; et cela nous conduit immédiatement à la théorie de Lamarck et des néo-Lamarckiens.

Darwin ne repousse pas ce genre de variations, mais il fait à son sujet quelques restrictions comme le prouvent les passages suivants :

« On peut attribuer quelque influence, peut-être même une influence considérable, à l'action définie des conditions d'existence, mais nous ne savons pas dans quelles proportions cette influence s'exerce. On peut attribuer quelque influence, peut-être même une influence considérable, à l'augmentation d'usage ou du non-usage des parties... Dans quelques cas, le croisement d'espèces primitivement distinctes semble avoir joué un rôle fort important dans la formation de nos races.[1] » Et plus loin : « Quelques auteurs emploient le terme *variation* dans le sens technique ; c'est-à-dire comme impliquant une modification qui découle directement des conditions physiques de la vie ; *or, dans ce sens, les variations ne sont pas susceptibles d'être transmises par hérédité.*[2] » C'est la négation formelle du lamarckisme ; voici cependant un autre passage qui contredit à peu près le précédent :

« Toutefois il ne faut pas oublier que certaines variations fortement accusées, que personne ne songerait à classer comme de simples différences individuelles, se représentent souvent parce que des

germinatifs différents.

1 Darwin, *op. cit.*, p. 43.
2 Darwin, *op. cit.*, p.46.

Félix le Dantec

conditions analogues agissent sur des organismes analogues ; nos productions domestiques nous offrent de nombreux exemples de ce fait. Dans ce cas, si l'individu qui a varié ne transmet pas de point en point à ses petits ses caractères nouvellement acquis, *il ne leur transmet pas moins*, aussi longtemps que les conditions restent les mêmes, une *forte tendance à varier de la même manière*. On ne peut guère douter non plus que la tendance à varier dans une même direction n'ait été quelquefois si puissante que tous les individus de la même espèce se sont modifiés de la même façon, *sans l'aide d'aucune espèce de sélection*. On pourrait, dans tous les cas, citer bien des exemples d'un tiers, d'un cinquième ou au moins d'un dixième des individus qui ont été affectés de cette façon. Ainsi Graba estime que, aux îles Feroë, un cinquième environ des Guillemots se compose d'une variété si bien accusée, qu'on l'a classée autrefois comme une espèce distincte, sous le nom d'*Uria lacrymans*. Quand il en est ainsi, si la variation est avantageuse à l'animal, la forme modifiée doit supplanter bientôt la forme originelle, en vertu de la survivance du plus apte.[1] » Et aussi, pourrait-on ajouter certainement, en vertu de l'hérédité des caractères acquis sous l'influence directe des conditions de milieu. Darwin l'accorde d'ailleurs à la fin de son ouvrage dans un passage ajouté à l'édition définitive pour répondre à des objections faites aux éditions précédentes, passage qui contredit formellement celui de la page 46 cité plus haut : « Ces modifications ont été effectuées principalement par la sélection naturelle de nombreuses variations légères et avantageuses ; *puis les effets* HÉRÉDITAIRES *de l'usage et du défaut d'usage des parties ont apporté un puissant concours à cette sélection*.[2] »

CHAPITRE IX
LES CONCESSIONS DE WEISSMANN

L'idée fondamentale de Weissmann, celle qui l'a conduit le plus directement à la négation de l'hérédité des caractères acquis, est la notion d'un *plasma germinatif* ou *germen*, continu au cours des générations successives et absolument distinct des autres cellules

---

1 Darwin, *op. cit.*, p. 99.
2 Darwin, *op. cit.*, p. 564.

de l'organisme constituant le corps ou *soma*. Au début de sa théorie, avant qu'il eût eu à répondre à un grand nombre de critiques portant sur des faits inexplicables dans ce cas, l'illustre auteur des *Essais* se montrait très intransigeant sur ce point. Le plasma germinatif est trop bien caché au centre de l'organisme pour être susceptible de recevoir du milieu ambiant aucune modification directe ; il est donc intangible et les seules variations possibles chez les êtres pluricellulaires sont celles qui proviennent de la fusion d'éléments sexuels d'origine différente. Chez les protozoaires ancêtres, le *soma* et le *germen* sont confondus ; ce dernier est ainsi exposé sans protection aux conditions ambiantes, dont il est susceptible de recevoir et par conséquent de transmettre des variations provenant directement, suivant la théorie de Lamarck, de l'influence du milieu. Les protozoaires sont variables, mais ces variations ancestrales *seules*, sans cesse remaniées par les croisements, seront la source des variations héréditaires chez les métazoaires, descendants. Chez les métazoaires, le soma peut varier au cours de l'existence sous l'influence des conditions extérieures, mais ces variations, ne se transmettant pas au plasma germinatif, sont individuelles et non héréditaires et ne peuvent influer en rien sur les destinées ultérieures de l'espèce. Nous avons déjà vu que cette source unique de variations, le mélange de deux plasmas germinatifs, ne pouvait conduire qu'à un nombre limité de types, à cause de la nécessité des unions consanguines,[1] mais il y a des objections plus fondamentales qui touchent à la notion même d'un *plasma germinatif* nettement défini et parfaitement distinct du soma.

Toutes les cellules de certaines mousses[2] sont capables de reproduire la plante tout entière et cependant, il y a des organes reproducteurs spéciaux ; un morceau de la feuille d'un bégonia[3] jouit de la même propriété. Weissmann est donc obligé d'admettre la possibilité de l'existence d'une certaine quantité de plasma germinatif en dehors des cellules reproductrices et cela suffit à menacer tout son édifice, ainsi que l'a fait remarquer Cope.

Un mémoire de Vines[4] présente à Weissmann une objection d'un

---

1 Cette remarque a d'abord été faite par Brooks, *Science*, 1895, février, p. 121.
2 Remarques de Sachs.
3 Objection de Strasburger.
4 Vines, *An examination of some points in prof. Weissman's Theory of Heredity*, *Nature*, XI.

autre ordre et non moins sérieuse : Il y a des groupes de champignons, dans lesquels, *sans reproduction sexuelle*, on constate l'existence d'espèces différentes, ayant des ancêtres communs. Weissmann est donc obligé d'admettre que, si le mélange des sexes est la plus importante source de variations individuelles, il peut y avoir aussi influence directe du milieu sur le *germen*. Voilà déjà une concession grave ; cependant, remarquez que l'auteur des *Essais* n'accepte pas encore l'action sur les éléments sexuels des modifications acquises par le *soma* sous l'influence des conditions extérieures ; il admet que les conditions extérieures agissent à la fois sur le *soma* et le *germen* : « Plusieurs variations sous l'influence du climat peuvent être dues entièrement ou en partie à la variation simultanée des déterminants correspondants dans quelques parties du *soma* et dans le plasma germinatif des cellules reproductrices.[1] » Et cette concession, arrachée à Weissmann par les nécessités des résultats expérimentaux,[2] l'auteur nous montre qu'elle est toute naturelle ; c'est une conséquence de sa théorie même, comment n'y avait-il pas songé plus tôt ! Le plasma germinatif contient les mêmes déterminants que toutes les cellules de l'organisme ; donc les conditions extérieures qui modifient directement les déterminants dans les ailes d'un papillon, modifieront *en même temps* et de la même manière, les mêmes déterminants dans les cellules reproductrices, et ainsi, la variation considérée sera héréditaire ; seulement, comme les éléments sexuels sont bien garantis et moins directement exposés aux intempéries, la modification sera moins complète dans le déterminant du plasma germinatif que dans celui des ailes et le caractère acquis ne sera que faiblement transmis au descendant direct ; il faudra que la même cause extérieure agisse pendant plusieurs générations pour que le caractère soit complètement et définitivement fixé dans l'espèce considérée ; or, c'est précisément ce qui se passe ; les caractères s'acquièrent lentement en plusieurs générations.

Je ne sais pas jusqu'à quel point il est logique d'admettre que les conditions extérieures agissent de la même manière sur le déterminant qui se trouve *morphogèniquement fonctionnel* dans le *soma* et sur le même déterminant se trouvant *en réserve* et *inactif* dans le

1 The *Germ.-Plasm. Contemporary Sciences séries*, 1893, p. 406.
2 De ses propres expériences sur la variation *héréditaire* de la couleur de certains papillons sous l'influence du milieu.

plasma germinatif, mais quelles que soient les objections que l'on puisse faire à cette théorie, il n'est pas moins vrai qu'elle constitue une concession très considérable aux néo-Lamarckiens.

Si considérable même, que le chef des néo-Lamarckiens d'Amérique a revendiqué comme sienne cette théorie de Weissman[1] et a montré qu'elle revient à sa propre théorie de la *diplogénèse*, publiée[2] en 1890.

Je ne reviens pas sur cette théorie que j'ai discutée dans la *Revue philosophique*.[3] Mais cette seule revendication de priorité prouve que le chemin effectué par Weissmann depuis l'apparition des *Essais*, dans la direction du lamarckisme, est bien considérable ; la théorie de Cope, malgré son désir d'expliquer l'influence du soma sur le germen, n'explique, comme celle de Weissmann, que l'influence directe et similaire du milieu extérieur sur le *soma* et sur le *germen* tout à la fois ; en d'autres termes, elle explique l'hérédité des variations dues à la *physiogénèse* de Cope ou *allomorphose* d'Ed. Perrier, mais non celle des variations dues à la *cinétogénèse* de Cope ou *automorphose* d'Ed. Perrier ; voici d'ailleurs la définition précise de ces expressions d'après Ed. Perrier : « Le milieu extérieur est sans doute la cause déterminante de toutes les modifications que peuvent présenter les organismes. Mais ce milieu peut agir soit *directement*, soit *indirectement*. Directement quand il ne provoque au sein des substances protoplasmiques que des modifications chimiques, telles que la formation de la chlorophylle et des pigments[4] ou qu'une suractivité de la nutrition, aboutissant, par exemple, à une croissance plus rapide soit de l'organisme tout entier, soit de tel ou tel organe. Indirectement, quand la stimulation du milieu provoque, de la part de l'organisme, une réaction qui parait être la cause de la modification comme dans tous les cas rattachés par Lamarck à l'*usage* et au *défaut d'usage* des organes. On peut distinguer ces deux ordres de modifications, malgré leur point de départ commun, et les désigner chacun par un nom ; les premiers seront des *allomorphoses*, les seconds des *automorphoses*. Un organisme à réactions internes très limitées, comme celui d'un végétal, ne paraîtra présenter que des allomorphoses. Au contraire,

1 E. D. Cope, *The primary factors of organic solution*, op. cit., p. 21.
2 *American naturalist*, déc. 1889, publié en 1890.
3 *Les Théories néo-lamarckiennes, Revue philos.*, 1897.
4 La couleur des ailes des papillons dans les expériences de Weissmann.

Félix le Dantec

les automorphoses apparaîtront d'autant plus nettement caractérisées que, par le développement de la sensibilité et de la volonté, l'organisme sera plus capable de se soustraire à l'action du milieu, comme cela a lieu chez les animaux supérieurs.[1] »

Weissmann admet donc l'hérédité des *allomorphoses* et cela est suffisant ou à peu près pour les végétaux, mais il nie celle des *automorphoses* et par conséquent celle des *instincts* acquis, ce qui est absolument insoutenable.

On voit d'ailleurs très facilement que le système de Weissmann n'explique pas et ne permet pas d'expliquer les *adaptations* et leur caractère héréditaire, de sorte qu'il stérilise la grande œuvre de Darwin dont le but était précisément d'expliquer, par le seul jeu des forces naturelles, la merveilleuse adaptation des organismes à leur milieu et des organes à leur fonction ; il stérilise l'œuvre de Darwin pour avoir voulu méconnaître celle de Lamarck.

D'ailleurs, indépendamment de cette impuissance, la théorie des déterminants tombe d'elle-même ; elle était appuyée sur des bases difficiles à admettre,[2] mais inflexibles et ne pouvant se plier aux concessions ; en essayant de les faire fléchir pour répondre aux objections de fait qu'on lui a posées, Weissmann a renversé lui-même son édifice.

CHAPITRE X
LA LUTTE ENTRE LES DEUX ÉCOLES

Malgré le désastre qu'a déterminé pour le weissmannisme la nécessité de concessions incompatibles avec l'essence même de ce système, il y a encore des néo-Darwiniens qui ne se tiennent pas pour battus. Il est facile de limiter le terrain sur lequel la lutte continue, et c'est ce que je vais faire brièvement ici.

Tout le monde est d'accord sur l'importance énorme du principe de la sélection naturelle dans la formation des espèces, et de ce côté le triomphe de Darwin est complet et incontesté.

Au point de vue de l'hérédité des caractères acquis, les néo-

1 Ed. Perrier, *Les colonies animales*, 2° édit., 1898, préf., XVI, XVII.
2 Je crois avoir montré plus haut que les formules spécieuses qui servent de point de départ à la théorie de Weissmann ont seulement l'apparence d'explications.

Darwiniens sont arrivés à accepter celle des allomorphoses, mais tiennent toujours bon contre celle des automorphoses, qui est au contraire le fond du néo-lamarckisme.

Inséparable de cette question de l'hérédité est celle de la variation même ; les automorphoses, résultat d'une réaction de l'ensemble de l'organisme sous l'influence d'un stimulus extérieur, déterminent naturellement des variations qui sont précisément en rapport avec le stimulus d'où elles proviennent ; tel est par exemple le développement d'un organe dont il est fait un usage fréquent ; ces variations sont directement adaptées, immédiatement utiles ; *elles apparaissent dans une direction définie*,[1] sous l'influence des conditions de milieu.

On peut en dire autant des *allomorphoses* ; l'action du milieu sur l'organisme, même lorsqu'elle se produit directement sur chaque élément, est*déterminée* par la nature du milieu et la nature de l'organisme au moment considéré ; la variation par *allomorphose* apparaît donc aussi dans une direction définie, mais elle est sans rapport immédiat avec les besoins de l'individu ; la coloration des ailes des papillons dans les expériences de Weissmann peut être *nuisible* aux êtres chez lesquels elle se produit. C'est affaire à la sélection naturelle de conserver les variations utiles et de faire disparaître celles qui sont dangereuses, tandis que la variation par*automorphose* était directement adaptée aux conditions qui l'avaient fait naître. Est-ce à dire que, dans ce cas, la sélection naturelle est inutile au mécanisme de l'adaptation ? J'ai montré ailleurs[2] que la coordination qui constitue la vie de l'animal résulte précisément de la sélection naturelle intervenant *à chaque instant* entre les éléments histologiques de son corps et se traduit par l'assimilation fonctionnelle qui renforce seulement les organes utiles. Donc, si on considère pour un instant l'organisme décomposé en ses éléments, une automorphose revient à une série d'allomorphoses se produisant sur tous les éléments considérés comme des individus, mais par suite de la réunion de tous ces individus en un organisme coordonné, la sélection naturelle agit*immédiatement* pour conserver les allomorphoses utiles et faire disparaître les allomorphoses

---

1 C'est l'expression de Cope, *op. cit.*, p. 13.
2 *Revue philos.*, 1897, *Les Théories neo-lamarckiennes*, p. 463 et suiv. Voir aussi ce livre même, p. 22.

Félix le Dantec

nuisibles (comme cela avait lieu mais plus lentement pour les allomorphoses générales de tout à l'heure), de telle manière que la variation par automorphose nous paraît immédiatement adaptée. Et ceci nous amène à donner une nouvelle définition de l'automorphose et de l'allomorphose ; toutes deux proviennent de l'action du milieu sur l'organisme, mais la première se produit par l'intermédiaire de la coordination préexistant dans l'individu, la seconde se produit sur les éléments comme s'ils n'étaient pas coordonnés. Exemple : voici un piège à rats dont le ressort est tendu. Je puis enduire d'une couche de peinture un grand nombre de parties du piège, sans le faire fonctionner, et l'enduit produira exactement le même effet que si les pièces du piège n'étaient pas coordonnées en vue de prendre des rats (allomorphose). Au contraire, je fais jouer le mécanisme ; tout se passe d'une manière précisément prévue par la coordination des pièces de l'appareil et la variation qui en résulte est une conséquence directe de cette coordination (automorphose). Eh bien ! l'organisme animal est comme ce piège à rats, seulement, au lieu d'être inerte quand il a fonctionné une fois d'une certaine manière, il est au contraire devenu *plus apte* à fonctionner de nouveau de la même façon. Les actions habituelles s'exécutent avec une facilité croissante.

Les automorphoses résultant du fonctionnement habituel sont justement, pour Lamarck, l'une des causes principales de la variation des êtres;[1] mais puisque l'*adaptation* de ces automorphoses est le résultat de la sélection naturelle appliquée aux tissus, il y a, me semble-t-il, moins de divergence qu'il ne paraissait entre les néo-Darwiniens et les néo-Lamarckiens.

Et aussi, il parait difficile, par suite, de concevoir que les automorphoses ne puissent être transmises par hérédité comme les allomorphoses. Or Weissmann lui-même a été obligé de déclarer possible l'hérédité des allomorphoses…

Je n'insiste pas davantage pour le moment sur la lutte entre l'école

---

1 « Dans tout animal qui n'a point dépassé le terme de ses développements, l'emploi plus fréquent et plus soutenu d'un organe quelconque fortifie peu à peu cet organe, le développe, l'agrandit et lui donne une puissance proportionnée à la durée de cet emploi ; tandis que le défaut constant d'usage de tel organe l'affaiblit insensiblement, le détériore, diminue progressivement ses facultés et finit par le faire disparaître. » Lamarck, *Philosophie zoologique*, Paris, 1809.

DEUXIÈME PARTIE

néo-lamarckienne et l'école néo-darwinienne. La troisième partie du présent volume sera entièrement consacrée à l'étude d'une question, le Mimétisme, qui constitue un des terrains les plus favorables pour la discussion de la valeur des arguments de ces deux écoles biologiques.

CHAPITRE XI
DUJARDIN ET LES THÉORIES CHIMIQUES DE LA VIE ET DE L'HÉRÉDITÉ

Nous avons vu, dans cette deuxième partie, les inconvénients de la théorie des *particules représentatives* ; cette théorie, issue des croyances plus anciennes à la *préformation* des adultes dans les germes, était anthropomorphique dans la forme et dans le fond. Dans le fond parce qu'elle plaçait en réalité, dans le germe lui-même, un *homunculus* plus ou moins déguisé ; dans la forme parce qu'elle se contentait en dernière analyse de tout rapporter aux propriétés et aux caractères de l'homme, considérés, par suite, de l'erreur anthropomorphique, comme des propriétés et des caractères aussi simples qu'ils nous sont familiers. Or, les caractères de l'homme étant des résultantes très complexes d'un grand nombre de facteurs, les particules douées de la *vertu* de les représenter, ou bien étaient aussi complexes que les caractères eux-mêmes et alors, leur genèse étant aussi difficile à comprendre que celle des caractères correspondants, l'explication n'était qu'apparente, ou bien ces particules étaient simples et alors la *vertu* représentative dont lesdotait la théorie devenait très mystérieuse ou, plus exactement, n'était qu'une formule spécieuse déguisant la difficulté, comme la vertu dormitive attribuée à l'opium par le candidat médecin de Molière.

Ces théories anthropomorphiques avaient eu leur retentissement dans l'étude des protozoaires ; Ehrenberg[1] avait vu un homme dans les plus simples d'entre eux, ou du moins il avait considéré leur organisation interne comme très complexe. On sait qu'il décrivit dans ces animaux une grande quantité de vessies stomacales pendant en forme de grappe à un boyau très élastique et très difficile à apercevoir ; il basa sur la conformation de ce boyau une clas-

---

1 Ehrenberg, *Die Infusionsthierchen als vollkommene Organismen.* Leipzig, 1838.

sification des infusoires. Il annonça même que, dans ce système intestinal, se faisait une sécrétion de bile... etc.

Les descriptions d'Ehrenberg furent accueillies avec enthousiasme parce qu'elles cadraient admirablement avec la tendance anthropomorphique de l'époque, et notre grand Dujardin rencontra une opposition très vive quand il annonça les résultats de ses observations;[1] tous les organes décrits par Ehrenberg n'existaient pas ; les protozoaires les plus simples étaient formés d'une substance semi-fluide, la *sarcode*,[2] dans laquelle on ne pouvait supposer l'existence d'appareils analogues à ceux des animaux supérieurs, mais qui, cependant, *était douée de vie*. C'est de cette merveilleuse conception qu'est issue l'école bio chimique.

Vous allez vous récrier : tout à l'heure je considérais comme dérisoires les particules représentatives de Darwin et de Weissmann ; j'assimilais à la vertu dormitive de Molière la *vertu* accordée à ces particules de reproduire des caractères *simples* de l'adulte, et voilà que maintenant je reste frappé d'admiration devant cette conception de Dujardin qui attribue à une simple substance visqueuse, la vie tout entière ! Et j'accuse d'anthropomorphisme les néo-Darwiniens !

C'est que, justement, l'erreur anthropomorphique est dans l'emploi abusif du mot *vie* pour désigner des choses toutes différentes. L'homme est vivant, le protozoaire est vivant, *donc* il y a un homme dans le protozoaire ! Si l'on raisonne comme cela, il est bien évident qu'on déclarera absurde l'hypothèse de Dujardin, car, de trouver dans une simple substance visqueuse toutes les perfections de la nature humaine, c'est de la folie pure ; ainsi Ehrenberg a vu l'homme dans l'amibe (comme Dalempatius avait vu l'homunculus dans le spermatozoïde), tout en admettant qu'il était difficile à voir sans artifices spéciaux, et tout le monde a été de son avis. Ne nous laissons donc pas abuser par les mots ; nous avons l'habitude de considérer la *vie* comme existant dans l'homme et dans l'amibe ; puisque cette manière de parler a prévalu c'est qu'elle correspond à quelque chose de réel et qu'il y a effectivement quelque chose de commun à l'homme et à l'amibe. Mais est-ce une raison pour

---

1 Dujardin, *Recherches sur les organismes inférieurs*, plusieurs mémoires depuis 1835 dans *Ann. sc. nat.*, et enfin, *Histoire naturelle des Infusoires*, Paris, 1841.
2 Appelée plus tard, en Allemagne, du nom de protoplasma, qui a prévalu.

admettre dans l'amibe *tout* ce qui est dans l'homme ?

Proposons-nous, au lieu de nous laisser aveugler par l'anthropomorphisme, de chercher ce qu'il y a de commun à l'amibe et à l'homme ; nous devons pouvoir y réussir dans l'état actuel de la science, puisque nous *savons* distinguer les corps vivants des corps bruts. Par où devons-nous commencer notre étude ? Évidemment par le plus simple des deux objets à comparer, et vous admettrez sans doute que ce doit être l'amibe.

Étudions donc l'amibe, en *oubliant* qu'il y a des êtres aussi compliqués que l'homme ; essayons de découvrir toutes les propriétés de ce simple protozoaire et de les expliquer, si nous pouvons, par d'autres propriétés plus simples et bien connues.

Nul doute que, si nous considérons comme simples les propriétés de l'homme, il nous sera facile, au moyen de celles-là, d'*expliquer* toutes celles de l'amibe ; cela nous sera d'autant plus facile que les langues humaines sont faites pour raconter les actes humains et que nous aurons des mots très simples pour raconter *a fortiori* les opérations bien plus élémentaires de l'amibe.

Or, nous nous imaginons comprendre ce que nous savons raconter, et c'est là l'histoire de la vertu dormitive de l'opium aussi bien que de la vertu représentative ou déterminative des gemmules.

Notre but est de nous expliquer l'homme ; nous commençons par étudier l'amibe pour remonter ensuite l'échelle ascendante, il est donc bien certain que toute explication empruntée à l'homme entrera d'emblée dans la catégorie des*vertus dormitives*, des définitions qui emploient des termes impliquant l'idée de la chose à définir.

Au-dessous de l'être vivant le plus inférieur, il n'y a plus d'être vivant ; toute expression empruntée à l'étude d'êtres plus élevés en organisation est condamnable au point de vue où nous nous plaçons. Que reste-t-il donc ? Uniquement les propriétés des corps bruts et les lois qui régissent ces propriétés, c'est-à-dire la physique et la chimie.

Et voilà, par suite, un critérium immédiat de la valeur des explications que nous trouverons. Toutes les fois que nous aurons fait appel à des expressions qui ne sont pas du domaine de la physique et de la chimie, nos interprétations, quelque spécieuses qu'elles soient, n'auront aucune valeur ; elles équivaudront à la vertu dormitive du malade imaginaire.

Par exemple, Hæckel attribue comme qualité fondamentale à ses plastidules la *mémoire*. Eh bien, malgré l'autorité du grand nom de Hæckel, il est bien évident que toutes les déductions qui auront pour point de départ cette propriété empruntée à l'homme seront entachées du péché originel et n'auront que l'apparence d'une explication. Darwin lui-même, l'auteur immortel de l'origine des espèces par sélection naturelle, est tombé dans le même piège avec ses gemmules et a sacrifié inconsciemment au langage anthropomorphique.

Guidé par cette méthode rigoureuse, avec ce critérium si facile à appliquer, il nous sera facile de voir ce qu'il y a de commun aux êtres les plus simples, l'amibe, la gromie, la bactérie, le coccus. Ce quelque chose de commun, nous l'appellerons la *vie élémentaire*. J'ai démontré ailleurs[1] que cette *vie élémentaire* est une propriété chimique caractérisant toute une famille de substances albuminoïdes, les *substances plastiques*. Cette propriété chimique commune se manifeste naturellement par une réaction chimique commune dans des conditions données, l'*assimilation* ou vie élémentaire manifestée. Cela est commun à tous les êtres monoplastidaires et aussi aux plastides qui sont le point de départ des agglomérations polyplastidaires les plus complexes, c'est-à-dire aux œufs des êtres supérieurs. Or, par suite des bipartitions successives qui constituent leur développement, ces êtres supérieurs sont uniquement composés de plastides n'ayant en commun avec tous les plastides isolés que cette propriété, la *vie élémentaire*, qui se manifeste par la réaction d'assimilation. Il n'y a que cela de commun à tous les êtres vivants. C'est donc de là qu'il faut partir pour expliquer tout ce qui est *général* en biologie, l'hérédité par exemple. Mais sera-t-il possible d'expliquer l'hérédité en attribuant à l'œuf une structure aussi simple, en y voyant seulement un mélange défini de substances plastiques définies ? C'est précisément le but que s'est proposé l'école biochimique. L'étude des travaux de cette école fera l'objet de la quatrième partie de ce petit volume.

---

1 *Revue philos.*, 1893 et 1896, et *Théorie nouvelle de la vie*, Bibliot. sc. internationale

DEUXIÈME PARTIE

TROISIÈME PARTIE
MIMÉTISME DARWINIEN
ET MIMÉTISME LAMARCKIEN

Un être vivant exécute un acte dans un milieu donné ; qu'est-ce que cet acte ? C'est le résultat de l'activité synergique d'un certain nombre de ses éléments constitutifs, sinon de tous ces éléments. La sommation de toutes ces activités élémentaires est spéciale à l'individu considéré ; elle dépend de sa coordination propre ; elle serait *différente* chez tout autre individu, car l'organisation d'un être est le résultat de trop de facteurs complexes (hérédité et éducation au sens le plus large) et deux animaux ne peuvent être rigoureusement identiques.

Voilà donc, tout d'abord, une part personnelle dans la détermination de l'acte exécuté par l'être que nous observons, mais quel est le point de départ, le stimulus de cet acte ? Un être vivant peut exécuter une *infinité* d'opérations différentes ; bien plus, deux opérations exécutées successivement par le même être ne peuvent pas être *rigoureusement* identiques parce qu'elles résultent de trop de facteurs complexes, même quand elles paraissent très simples. Pourquoi, alors, au moment considéré, est-ce précisément cet acte qui s'est produit et non un autre quelconque choisi dans l'infinité des actes possibles à ce moment avec l'organisation présente de l'être ?

La raison de cette détermination est dans le milieu extérieur à l'être.

Un homme, par exemple, est en relation étroite avec le milieu dans lequel il vit d'un très grand nombre de manières. La composition de l'air qu'il respire influe sur la composition du mélange de gaz dissous dans son milieu intérieur ; la température modifie l'état de son système thermo-régulateur ; l'état hygrométrique détermine à la surface de sa peau une évaporation plus ou moins abondante, etc. Voilà pour les conditions générales ; il y a aussi des rapports d'une nature bien plus spéciale : une image exacte d'une partie du milieu se produit au fond de l'œil et impressionne chimiquement les terminaisons nerveuses de la rétine ; les fibres de Corti vibrent dans l'oreille interne et l'unisson des sons extérieurs et impressionnent les terminaisons correspondantes du nerf acoustique ; certains corps gazeux ou pulvérulents, répandus dans l'atmosphère, modifient l'état des terminaisons olfactives de la pituitaire, etc. Or, toutes les réactions chimiques qui se produisent dans une terminaison nerveuse sont le point de départ de courants spéciaux d'énergie, d'influx nerveux centripètes capables de déterminer à leur tour d'autres réactions chimiques dans tout le dédale du système nerveux général ; ces réactions centrales, accompagnées d'épiphénomènes sensationnels plus ou moins importants, sont en même temps la cause de nouveaux courantsd'énergie qui vont, soit vers d'autres centres nerveux, soit, par les nerfs centrifuges, vers des organes périphériques et déterminent dans tous les plastides auxquels ils aboutissent des phénomènes de l'activité propre de ces plastides.

L'acte, les actes exécutés au moment considéré par l'organisme en observation sont le résultat de *toutes* ces activités simultanées d'éléments histologiques extrêmement différents les uns des autres ; nous, observateur, nous pouvons arrêter notre attention sur une partie seulement de cet ensemble, sur le mouvement de la main par exemple, que nous décrivons comme un acte isolé, mais nous n'avons pas le droit de perdre de vue, si nous avons quelque prétention à la rigueur scientifique, la *corrélation générale* en vertu de laquelle, tel phénomène se passant en même temps dans une tout autre partie de l'organisme, n'est pas indifférent au mouvement exécuté par la main.

Tout cela est d'une complexité inouïe : d'une part les conditions extérieures défient toute analyse (remarquez seulement, pour vous en tenir à une faible partie de ces conditions, tout ce qui frappe votre vue au moment même où vous lisez ces lignes). D'autre part la marche suivie[1] par les courants d'énergie que déterminent dans votre organisme tous les stimulus provenant du milieu, dépend de l'état *présent* de l'ensemble de votre constitution.

Mais cet état présent va se trouver modifié, dans un instant très court, par les réactions chimiques mêmes qui viennent de se passer en vous au momentconsidéré sur tout le trajet de ces courants d'énergie. Il n'y a pas d'actes purement physiques chez un être vi-

---

1 Or c'est la marche suivie par ces influx nerveux qui détermine l'acte exécuté, la réponse de l'organisme au stimulus considéré.

TROISIÈME PARTIE

vant. Votre structure était différente un instant auparavant et ainsi de suite, en remontant d'instant en instant jusqu'à l'œuf d'où vous provenez ; il n'y a pas eu, dans toute l'histoire de votre vie, un seul acte, si insignifiant qu'il vous ait paru, qui n'ait laissé sa trace dans votre organisme et n'ait ainsi influé sur toutes vos destinées ultérieures. Vous êtes le résultat de ce qu'était l'œuf dont vous provenez (hérédité) et de *tout* ce que vous avez fait depuis sous l'influence de *toutes* les conditions de milieu que vous avez traversées (éducation au sens le plus large).

En résumé, deux causes déterminantes de l'activité d'un être à un moment précis donné : 1° l'état de l'être à ce moment précis (il dépend de toute son histoire passée) ; 2° l'état du milieu à ce moment précis, ou tout au moins de tout ce qui, dans le milieu, peut influencer l'organisme, soit directement, soit par l'intermédiaire des organes des sens.

Dans ce dédale inextricable, qu'est-ce qu'on appelle imitation ?

On dit qu'il y a imitation quand il y a ressemblance entre *une* des parties de l'acte exécuté par l'individu et *une* des conditions du milieu extérieur dont l'ensemble a déterminé l'activité de l'organisme au moment considéré. Évidemment, l'imitation ainsi définie va s'appliquer à des phénomènes n'ayant entre eux aucun rapport ; un être qui, entendant un son, reproduit un son de même hauteur, *imite* ce son ; cet exemple nous paraît très simple parce que nous avons un organe phonateur d'une puissance comparable à notre organe auditif. Il n'en est plus de même quand il s'agit des autres organes des sens ; nous n'ayons pas d'organe producteur de lumière, d'odeur, etc., qui nous permette de reproduire telle lumière que nous voyons, telle odeur que nous sentons, etc., mais il y a des chenilles qui filent de la soie bleue quand on les éclaire avec de la lumière bleue ; les rainettes, vertes sur des feuilles vertes, deviennent rousses quand on les place sur un sol roux. Nous pouvons cependant imiter certains phénomènes dont nous sommes témoins par l'intermédiaire de notre organe visuel ; nous reproduisons certains mouvements que nous voyons exécuter,[1] mais nous

---

1 Nous n'imitons même que des mouvements ; en imitant un son nous reproduisons un mouvement, en dessinant un objet nous imitons le mouvement de notre œil qui suit le contour apparent de cet objet, etc. Si nous pouvions reproduire un mouvement vibratoire assez rapide, nous imiterions les lumières que nous voyons

ne pouvons les reproduire correctement que s'ils sont effectués par des êtres de notre espèce ou d'une espèce morphologiquement voisine.[1] Or, tout ce que nous faisons influe sur notre structure générale ; l'assimilation fonctionnelle développe les organes dont nous nous servons souvent ; si nous imitons souvent un lutteur, nous prendrons quelque ressemblance avec lui ; des animaux différents prennent des caractères de ressemblance extérieure sous l'influence de besoins communs (caractères de convergence). Enfin, nous connaissons des animaux d'espèces tout à fait différentes qui se ressemblent étonnamment au point de vue de la couleur, de la forme, de l'odeur et même des êtres vivants qui, au même point de vue, ressemblent beaucoup à des corps bruts.

Lorsque la volonté de l'être qui imite semble intervenir dans la réalisation de la ressemblance, momentanée ou durable, nous employons le mot *imitation* pour réserver celui de *mimétisme* aux cas où la ressemblance observée semble sinon fortuite, du moins indépendante de la volonté de l'être qui imite. Il faudra discuter la légitimité de cette distinction, qui est précisément parallèle au mode d'interprétation du mimétisme par les Darwiniens et les Lamarckiens. Arrêtons-nous d'abord au cas le plus simple du mimétisme, celui de la convergence des caractères sous l'influence des conditions de vie.

CHAPITRE XII
LA CONVERGENCE DES CARACTÈRES

Deux animaux très différents à l'origine de leur évolution individuelle peuvent acquérir à l'état adulte une certaine ressemblance. Waston avait objecté au principe de la *divergence des caractères* sur lequel Darwin basait son origine des espèces, que, si deux espèces, appartenant à deux genres voisins, produisent toutes deux un très grand nombre de formes nouvelles et divergentes, certaines formes, provenant du premier genre, devront se rapprocher des formes provenant du second, que de la divergence résultera une convergence diminuant le nombre des genres par l'établissement de types intermédiaires. Cette objection n'a pas de valeur ; le nombre

---

1 Un singe peut imiter un homme et ne peut imiter un serpent ou un ver de terre.

des formes possibles étant *infini*. Tout autre est le phénomène de la convergence des caractères sous l'influence de l'adaptation aux mêmes conditions de vie.

« Le même genre de vie pouvant produire sur des animaux *originairement très différents* des modifications similaires, ces animaux arrivent quelquefois à présenter entre eux, au moins extérieurement, une ressemblance suffisante pour qu'on y ait pu voir les signes d'une étroite parenté. C'est ainsi, qu'en raison de leur commune infériorité, Cuvier avait placé les Helminthes parmi les Zoophytes et que l'on a longtemps compris sous le nom d'Helminthes des animaux absolument dissemblables : les Lernéens qui sont des crustacés, les Linguatulides qui sont des arachnides, les Acanthocéphales, les Gordiacés, les Nématodes, peut-être alliés eux aussi aux Arthropodes, mais bien différents les uns des autres, et de plus, les Trématodes et les Cestoïdes, qui sont franchement des vers. Ce n'est pas seulement le parasitisme qui produit de telles ressemblances. La formation d'une coquille, la fixation au sol ont donné lieu à des rapprochements pareils. C'est ainsi que les Cirripèdes ont été pris pour des mollusques, que les Tuniciers et les Brachiopodes ont été rapprochés des Lamellibranches, erreurs analogues à celles que commet le vulgaire quand il appelle, pour les mêmes raisons, les Cétacés des Poissons et les Chauves-Souris des Oiseaux. Ces ressemblances de détail sont souvent appelées*ressemblances d'adaptation*. Mais cette expression signifie seulement que les ressemblances constatées résultent de l'adaptation, à une même fonction, d'organes secondaires, les membres, par exemple, tandis que les organes principaux, tels que ceux de la circulation et de la respiration, demeurent profondément différents.[1] »

Pour rester dans le domaine des faits absolument connus, qui ne s'est étonné de l'analogie des pattes d'insectes avec les membres locomoteurs des mammifères ? les anciens zoologistes en ont été tellement frappés qu'ils ont donné aux différentes parties de ces pattes les noms des os de l'homme : fémur, tibia, tarse… etc., et qu'ils ont même essayé de retrouver une analogie beaucoup plus douteuse dans les nervures des ailes (radius, cubitus !!). L'œil de certains mollusques céphalopodes présente une ressemblance extraordinaire avec l'œil des vertébrés supérieurs, etc.

---

1 Ed. Perrier, *Traité de zoologie*, p. 337.

Tous ces phénomènes de convergence sont trop faciles à expliquer par les théories lamarckiennes pour que j'aie besoin d'y insister ici[1] ; en voici d'autres pour lesquels l'explication darwinienne a été plus souvent donnée et qui nous conduiront rapidement aux cas de mimétisme proprement dit :

« On appelle animaux pélagiques ceux qui vivent en haute mer, généralement dans le voisinage de la surface des eaux et qui ne s'approchent que rarement du rivage où ils sont parfois jetés par les vents. On trouve des êtres menant cette existence dans toute l'étendue de la série zoologique, depuis les protozoaires jusqu'aux vertébrés. Si l'on fait abstraction des courants superficiels et des zones climatériques, ces animaux vivent dans des conditions très uniformes et en même temps très spéciales, dont l'action doit imprimer à l'organisme certains traits particuliers qui peuvent arriver à masquer le type morphologique, surtout chez les invertébrés.

« Les caractères d'adaptation propres à la vie pélagique sont :

« 1° Une extrême transparence de tous les tissus qui rend l'animal complètement invisible et lui *permet d'échapper facilement à ses ennemis*. Cette transparence existe chez des animaux appartenant aux groupes les plus divers. On l'observe chez les Noctiluques, les Siphonophores, les Médusaires, les Cténophores, les Mollusques hétéropodes et ptéropodes ; chez les Salpes et les Pyrosomes, les Sagitta, les Tomopteris et les Alciopes (annélides) ; enfin chez les Leptocépbales parmi les poissons.

« 2° Le développement considérable de certains organes qui constituent souvent les seuls points visibles de l'animal. En général, ce sont les yeux qui présentent une différenciation énorme par rapport au reste de l'organisme, comme cela s'observe dans un grand nombre des exemples que nous venons de citer ; parfois aussi l'appareil de l'audition…

« 3° Une réduction du tube digestif qui, sans être aussi prononcée que chez les animaux parasites, atteint cependant un degré considérable… ; cette réduction du tube digestif chez les animaux pélagiques est évidemment en*rapport avec l'existence précaire de ces créatures toujours poursuivies par de nombreux ennemis*. Un es-

---

1 Voir *Les Théories néo-lamarckiennes* (*Revue philos.*, 1897).

tomac volumineux ralentirait leur marche en général très rapide et diminuerait la transparence qui les protège.

« 4° Un développement considérable des organes de la génération et une grande fécondité... Cette fécondité excessive des animaux pélagiques doit être attribuée, comme chez les parasites où le même fait se présente également, *aux nombreuses chances de destruction que doivent courir des êtres aussi mal protégés*[1]... »

Il est impossible d'établir une distinction tranchée entre ces cas d'adaptation des formes animales originellement si différentes et les cas que l'on décrit sous le nom de mimétisme protecteur et auxquels nous allons arriver maintenant. Je fais seulement remarquer le mode d'explication darwinienne auquel on a une grande tendance à recourir pour les interpréter ; j'ai souligné dans la citation précédente les phrases relatives à ce mode d'explication que je discuterai ultérieurement.

CHAPITRE XIII
LE MIMÉTISME PROTECTEUR

C'est Wallace qui a le premier réuni un grand nombre de faits de ce qu'il appelait : la mimique (*mimicry*) et autres ressemblances protectrices des animaux. Il a invoqué sans cesse la *sélection naturelle* pour les expliquer et il considère même ces faits comme une preuve nouvelle à l'appui de l'immortel principe de Darwin : « qu'aucun des faits de la nature organisée ne peut exister sans être ou avoir été une fois *utile* aux individus ou aux races qui en sont affectés.[2] » Je vais passer en revue quelques-uns des faits de mimétisme les plus importants en en donnant l'explication généralement adoptée et sur laquelle je reviendrai ensuite.

Couleur. — Beaucoup d'animaux ont la couleur du milieu dans lequel ils vivent ; nous avons déjà vu que les animaux pélagiques sont transparents comme l'eau de la mer. Les animaux du désert sont le plus souvent d'une couleur fauve ; les animaux des régions polaires sont souvent blancs, même quand ils appartiennent à un genre qui, en tout autre point du globe, ne comprend que des

---

1 Giard, *Revue des sciences naturelles de Montpellier*, 1875.
2 Wallace, *la Sélection naturelle*, édit. française, p. 47.

espèces colorées différemment, l'ours par exemple et le lièvre de l'Amérique polaire ; le bruant, le harfang des neiges sont blancs.

Les animaux nocturnes ont des couleurs sombres (souris, chauves-souris, taupes, hiboux[1]) ; les habitants des forêts à verdure persistante sont souvent verts (perroquets, pigeons verts, serpents verts des bananiers, etc.).

Les poissons qui vivent sur les fonds sableux ont la couleur du sable sur lequel ils se tiennent.

Tous ces faits sont trop connus pour qu'il soit nécessaire de les passer en revue avec plus de détail. Or, il est immédiatement évident, comme l'a fait remarquer Wallace, que cette homochromie est utile aux animaux qui en sont pourvus ; s'ils sont faibles, cela leur permet de n'être pas vus par leurs ennemis plus puissants ; s'ils sont forts, cela leur permet d'approcher leurs victimes sans être vus d'elles. Or, un caractère franchement utile à une espèce remplit précisément les conditions nécessaires et suffisantes pour être fixé par la sélection naturelle, mais, comment, dans le cas présent, s'est exercée cette sélection ?

L'instinct de la conservation, qui est, chez tout être vivant, le résultat héréditaire de toutes les acquisitions utiles à la défense de l'espèce au cours des générations ancestrales d'où il provient, porte l'animal à se cacher par tous les moyens possibles quand il a peur d'être surpris ou quand il a besoin d'atteindre une proie méfiante. L'émigration momentanée ou durable vers des régions homochromes est évidemment utile et il serait tout naturel, par conséquent, que l'instinct de la conservation comprît aujourd'hui pour chaque espèce le choix d'un habitat protecteur. Dans une forêt comprenant des parties vertes et des parties brunes (écorce des arbres), les animaux verts demeurent de préférence sur les feuilles, les animaux bruns sur les troncs, etc. Une couleur spécifique préexistante peut donc modifier au cours des générations successives l'instinct de l'habitat et probablement beaucoup de cas d'homochromie s'expliquent ainsi, au moins ceux dans lesquels on

---

1 À côté de cette homochromie des animaux nocturnes on peut placer aussi leur caractère silencieux (mimétisme acoustique). Rien n'est plus frappant que l'absence de bruit dans le vol de la chouette, caractère dû à ses plumes soyeuses. Au milieu du calme des nuits, les battements d'ailes d'un oiseau diurne préviendraient la proie convoitée.

constate que le choix de l'habitat a été facile, comme par exemple le choix des parties vertes ou des parties brunes voisines dans une forêt ; cette explication est un peu moins facile à admettre pour les animaux polaires qui, si j'ose m'exprimer ainsi, n'avaient pas sous la main l'habitat homochrome rêvé. Pour ceux-là, il vaut peut-être mieux prendre l'explication inverse qu'adopte Wallace : au lieu de la modification de l'habitat pour répondre aux exigences de la coloration, modification de la coloration pour répondre aux exigences de l'habitat;[1] voici le passage de Wallace relatif aux animaux blancs :

« Si nous nous occupons des animaux supérieurs, nous serons frappés de la rareté de la couleur blanche chez les mammifères ou les oiseaux sauvages des zones tempérées ou tropicales. Il n'existe pas en Europe un seul quadrupède ou oiseau terrestre blanc, excepté quelques rares espèces alpines pour lesquelles le blanc est une protection. Il ne paraît pas cependant qu'il y ait chez ces animaux, une tendance inhérente à leur nature qui les éloigne du blanc, car, dès qu'ils sont réduits en domesticité, des variétés blanches apparaissent et semblent prospérer comme les autres. Nous avons des souris et des rats blancs, des chats, des chevaux, des chiens, du bétail blancs, de la volaille blanche, des pigeons, des dindons, des canards, des lapins blancs.

« Parmi ces animaux, les uns sont domestiqués depuis très longtemps, d'autres seulement depuis quelques siècles ; mais presque toutes les fois qu'un animal est parfaitement domestiqué, des variétés blanches ou tachetées se développent et deviennent permanentes.

« On sait que les animaux sauvages produisent quelquefois des variétés blanches, mais on n'a jamais vu ces races devenir permanentes. Or, nous n'avons pas de statistique[2] pour démontrer que des parents de couleur normale produisent des petits blancs plus souvent à l'état domestique qu'à l'état sauvage et nous n'avons

---

1 Pour les espèces alpines, le choix de l'habitat est très facile à expliquer et la première interprétation de la modification de l'habitat par la couleur est valable
2 Pour les lapins cependant, dont on tue et dont on voit des millions tous les ans, combien y a-t-il d'exemples albinos parmi les sauvages ? En voit-on même ? Or, l'homme est certainement un des destructeurs les plus acharnés de l'espèce. La statistique dont parle Wallace peut donc être considérée dans ce cas comme démontrant une influence directe de la domesticité sur l'albinisme.

Félix le Dantec

aucun droit de faire cette supposition tant que les faits s'expliquent sans elle ; mais il est évident que si la couleur des animaux sert réellement à les cacher et à les préserver, le blanc étant très apparent doit leur être nuisible et concourir à rendre leur vie plus courte. Un lapin blanc est particulièrement exposé aux attaques du busard et de l'épervier ; une taupe ou une souris blanche n'échapperont pas longtemps au hibou qui les guette. De même, une déviation de l'état normal qui rendrait un animal carnivore plus apparent, le placerait dans une position désavantageuse en l'empêchant de poursuivre sa proie avec la même facilité que les autres, et, dans un cas de disette, cet inconvénient pourrait causer sa mort. En revanche, si l'animal s'étend d'un district tempéré dans une région arctique, les conditions seront changées. Durant une grande portion de l'année, et précisément celle où la lutte pour l'existence est le plus difficile, le blanc prédomine dans la nature et les couleurs sombres sont les plus visibles ; les variétés blanches auront donc l'avantage, s'assureront la nourriture et échapperont à leurs ennemis, tandis que les variétés brunes seront détruites par la faim ou dévorées ; la règle étant d'ailleurs que tout être produit son semblable,[1] la race blanche s'établira et deviendra permanente, tandis que les races foncées, si elles reparaissent occasionnellement, s'éteindront bientôt. Dans tous les cas, les plus aptes survivront, et, avec le temps, il se produira une race adaptée aux conditions qui l'environnent.[2] »

Tout ce passage de Wallace est très logique ; il n'est pas douteux que la couleur blanche soit un danger pour les animaux comestibles qui vivent à l'étatsauvage ; un point qui, cependant, est discutable, c'est l'*origine même de la variation colorée* que fixe la sélection naturelle dans les divers cas : « La variété blanche des rats et des souris ne dépend nullement, affirme Wallace, d'une altération du climat, de la nourriture ou d'autres conditions externes.[3] » Voilà, à mon avis, une affirmation gratuite, peu indulgente pour Lamarck. Nous ne pouvons guère prétendre à la connaissance exacte de *toutes* les conditions externes et de leur influence sur les variations individuelles ; et d'ailleurs, Wallace oublie, sans y prendre garde, les phénomènes d'atavisme qui interviennent peut-

1 *Hérédité des caractères acquis.* Voir *Évolution individuelle, op. cit.*

2 Wallace, *op. cit.*, p. 63.

3 Wallace, *op. cit.*, p. 48.

TROISIÈME PARTIE

être dans l'apparition brusque d'une variété comme la variété albinos. Que cette variété ait existé autrefois dans les ancêtres de nos lapins sauvages, à l'époque glaciaire par exemple, et les *hasards* du retour atavique permettront la réapparition d'un individu blanc, dans des conditions*tout autres* que celles qui avaient déterminé primitivement la genèse de cette coloration spéciale ; puis, cet individu blanc, livré à la lutte pour l'existence, prospérera ou ne prospérera pas suivant les conditions de la sélection naturelle dans son milieu. La question importante, que nous examinerons plus tard, est de savoir comment s'est formée, pour la première fois, la variété albinos ou toute autre variété, et il est peut-être risqué d'affirmer que l'apparition de cette variété n'a pas dépendu « d'une altération de climat, de la nourriture, ou d'autres conditions externes ».

Quoi qu'il en soit des causes mêmes de la variation chromatique, la sélection naturelle explique bien comment les cas d'habitat homochromique sont si fréquents, soit par la fixation d'un instinct spécial qui a déterminé le choix de l'habitat en fonction de la couleur, soit par la disparition des types hétérochromiques, moins favorisés dans un habitat donné.

Encore cette explication est-elle un peu simpliste ; à telle ou telle couleur de robe peuvent être inhérents d'autres dangers pour l'espèce que ceux qui proviennent de la plus ou moins grande visibilité des individus ; Darwin cite lui-même à ce sujet un cas de corrélation bizarre : « Le professeur Wyman m'a récemment communiqué, dit-il, une observation très intéressante. Il demandait à quelques fermiers de la Virginie pourquoi ils n'avaient que des cochons noirs ; ils lui répondirent que les cochons mangent la racine des *lachnanthes*, qui colore leurs os en rose et fait tomber leurs sabots ; cet effet se produit sur toutes les variétés, sauf sur la variété noire. L'un d'eux ajouta : Nous choisissons, pour les élever, tous les individus noirs d'une portée, car ceux-là seuls ont quelque chance de vivre.[1] »

Voilà un cas de corrélation entre le pigment d'un animal et sa résistance à une cause de destruction qui semble n'avoir aucun rapport avec la pigmentation. Le hasard l'a fait découvrir, mais combien d'autres cas analogues doivent exister que nous ne connaissons pas ! Or, toutes les causes de destruction interviennent

1 Darwin, *Origine des espèces*, trad. Barbier, p. 13.

Félix le Dantec

dans la sélection naturelle et l'on risque souvent de fausser le principe de Darwin quand on l'applique à des cas dont on croit connaître *toutes* les conditions importantes, alors que l'une d'elles a pu passerinaperçue. Cette remarque suffit à renverser l'objection faite à Wallace que la sélection naturelle aurait, d'après son explication de l'homochromie, fait rapidement disparaître les animaux à couleurs très voyantes.

Ressemblance morphologique avec des feuilles ou des corps bruts. — Les différentes explications données pour les phénomènes d'homochromie sont encore valables pour ces cas de ressemblance morphologique dont quelques-uns sont certainement fortuits : « J'ai plus d'une fois pris, dit M. A. Sidgwick, la*Cilix compressa*, petit papillon de nuit blanc et gris, pour de la fiente d'oiseau tombée sur une feuille et *vice versa*.[1] » Il y a tant de formes d'animaux qu'il n'y a rien de bien étonnant à ce que l'une d'elles ressemble à un corps d'une morphologie aussi vague « qu'une fiente d'oiseau tombée sur une feuille », et il est certain d'autre part que cette ressemblance fortuite, étant incontestablement utile dans une certaine mesure, a des chances pour être conservée et *accrue* par la sélection naturelle.

Il en est de même pour cet insecte, le *Ceroxylus laceratus*, trouvé par Wallace à Bornéo et qui est recouvert d'excroissances foliacées d'un vert olive clair, ce qui lui donne l'apparence d'un bâton couvert d'une mousse parasite ; cet insecte appartient d'ailleurs à la famille des phasmidés, de l'ordre des orthoptères : « La plupart des Mantidés et des Locustidés des tropiques sont colorés et tachetés de façon à imiter la couleur des feuilles sur lesquelles ils se tiennent et, chez plusieurs, les nervures mêmes des ailes rappellent celles des feuilles. Cette modification spéciale atteint son maximum de perfectionnement dans le genre Phyllium. Celui-ci doit son nom « d'insecte feuille » à l'apparence extraordinaire de ses ailes et même de ses pattes et de son thorax qui sont aplatis et élargis, de telle sorte que l'observation la plus exacte permet à peine de distinguer l'insecte vivant des feuilles qui lui servent de nourriture.

« La famille des Phasmidés ou spectres, à laquelle cet insecte appartient, est tout entière plus ou moins imitative. Plusieurs de

---

1 Wallace, *op. cit.*, p. 61.

ses espèces sont connues sous le nom « d'insecte canne » à cause de leur rapport frappant avec de petites branches. Quelques-uns sont longs d'un pied et gros comme le doigt ; toutes leurs couleurs, leur forme, leurs rugosités, l'arrangement de la tête, des pattes et des antennes sont tels que leur apparence est celle de bâtons desséchés. Ils se suspendent à des buissons de la forêt et ont la bizarre habitude de laisser pendre leurs pattes irrégulièrement, ce qui rend l'erreur encore plus facile.[1] »

La dernière phrase de cette citation de Wallace prouve, chez les Phasmidés, une tendance soit instinctive, soit raisonnée à tirer le plus grand parti possible de leur ressemblance avec des corps bruts. Que cette ressemblance leur soit utile, cela est en effet hors de doute, mais qu'ils en tirent manifestement parti, cela pourra nous servir plus tard à discuter ce qu'il y a de fortuit et ce qu'il y a d'acquis dans ces caractères de ressemblance que la sélection naturelle conserve et développe, mais n'a pas fait apparaître. Je ne crois pas que le principe de Darwin, *invoqué seul*, puisse expliquer l'existence du merveilleux *Kallima paralecta*. Ce papillon remarquable est revêtu en dessus de couleurs brillantes, tandis que, au repos, les ailes relevées simulent exactement une feuille desséchée, attachée à l'arbre où est posé le papillon, avec ses nervures médianes et latérales, avec les sphéries qui forment des taches sur le limbe de la feuille, *avec les cicatrices mêmes* que font les insectes herbivores quand, ne laissant que l'épiderme, ils dessinent sur la feuille de petites plages translucides. Ces dernières sont simulées par des taches nacrées correspondant à celles qui ornent le dessus de l'aile du papillon.

Cet exemple nous conduit aux cas que Wallace considère comme du mimétisme (*mimicry*) proprement dit, mais ne trouvez-vous pas déjà qu'il est bien difficile d'admettre que le hasard seul a produit successivement toutes ces ressemblances extraordinaires entre des êtres aussi dissemblables qu'un papillon et une feuille, ressemblances qu'aurait accumulées dans la suite des générations la sélection naturelle, *facteur passif* incapable de produire par lui-même aucun caractère nouveau ?

Mimétisme proprement dit de Wallace. — On connaissait depuis longtemps un grand nombre de cas de ressemblance bizarre

1 Wallace, *op. cit.*, p. 62.

existant entre des insectes qui appartiennent à des genres, des familles où même des ordres différents et entre lesquels n'existait par conséquent aucune affinité réelle ; on les considérait comme des exemples de « ces analogies curieuses, mais inexplicables, qu'on rencontre dans la nature ».

Kirby et Spence avaient cependant pensé à l'utilité de cette ressemblance dans le cas des mouches du genre *Volucella* ; ces mouches entrent dans les nids des abeilles pour y déposer leurs œufs, afin que leurs larves se nourrissent de celles des abeilles et *chacune des espèces de mouches est remarquablement semblable à l'espèce d'hyménoptère chez laquelle elle vit en parasite*. Les naturalistes que je viens de citer, pensèrent que cette ressemblance avait pour *but exprès* de protéger les mouches contre les attaques des abeilles.

Wallace a rassemblé un très grand nombre de cas de mimétisme et a remarqué que les ressemblances « sont souvent portées à un point de minutie tel qu'il semble impliquer l'intention de tromper l'observateur[1] ».

En effet, étant donnée la différence des propriétés inhérentes à des espèces différentes, il doit être avantageux dans la plupart des cas, pour un animal donné, d'être pris pour un animal d'une autre espèce. Un papillon comestible sera incontestablement protégé par une ressemblance considérable avec un autre papillon dont le goût et l'odeur sont insupportables aux oiseaux ; un animal qui doit capter des proies vivantes pour sa nourriture, aura intérêt à tromper ces proies par une ressemblance frappante avec un herbivore inoffensif, etc. Il est donc bien évident que ce facteur utile à l'espèce pourra être conservé et même, pourvu qu'il existe une fois, développé par la sélection naturelle.

Wallace a posé les règles générales suivantes du mimétisme protecteur dans la série animale :

1re Loi. — Dans une majorité accablante de cas de mimétisme, les animaux ou les groupes qui se ressemblent habitent la même contrée, le même district et, dans beaucoup d'exemples, le même lieu.

2e Loi. — Les animaux n'imitent pas n'importe quels autres animaux, sans distinction, mais seulement certains groupes qui sont,

---

1 Wallace, *op. cit.*, p. 75.

dans tous les cas, *abondants en espèces et en individus*, et sont souvent pourvus d'un moyen de défense spécial bien constaté.

3e Loi. — Les espèces qui imitent ces groupes prédominants sont comparativement peu abondantes en individus et souvent très pauvres.[1]

L'intérêt des deux dernières lois est évident ; il est certain que s'il y a un seul papillon comestible au milieu de mille papillons analogues à goût infect, l'expérience des oiseaux ayant porté plus souvent sur les derniers protégera le premier bien plus efficacement que si la première espèce était plus nombreuse ou seulement aussi nombreuse que la seconde.

Quant à la première loi, elle montre qu'il ne faut pas attribuer le mimétisme au hasard seul, ou tout au moins que si la ressemblance a été fortuite d'abord, la sélection naturelle est intervenue ensuite pour la conserver et la développer ou encore pour fixer héréditairement l'instinct grâce auquel l'espèce protégée cohabite avec l'espèce protectrice.

Au point où nous en sommes et étant donnée son utilité incontestable dans tous les cas pour l'espèce imitatrice, il devient inutile de distinguer l'imitation qui a pour objet les animaux, les végétaux, les corps bruts ou la couleur du milieu, comme nous l'avons fait au cours de cet exposé. Il vaut mieux grouper les phénomènes d'imitation, comme l'a fait M. Giard, suivant la manière dont s'établit la protection qui en résulte pour l'espèce imitatrice, en mimétisme offensif et mimétisme défensif : « De même qu'un homme se déguise pour se dérober à un danger ou pour commettre un crime, les espèces imitatrices ont pour but, les unes de se cacher, les autres de surprendre leur proie. Les premières sont les plus nombreuses, je le reconnais, mais il est facile de trouver des exemples du second cas. L'un des plus frappants et des plus nets me paraît fourni par certaines *Entomobies cimécophages* : les *Alophora Hemiptera* et *Subcoleoptrata* simulent, comme leur nom l'indique, les hémiptères mégapeltides, ce qui leur permet d'approcher des *Pentatomes* et de déposer leurs œufs sur ces animaux.[2] » Le cas de volucelles citées plus haut peut être considéré aussi comme du

1 Wallace, *op. cit.*, p. 75.
2 Giard, *Sur le mimétisme et la ressemblance protectrice* (*Arch. de zool. exp. et gén.*, 1872, et *Bull. sc.*, xx, 1888)

mimétisme offensif.

Le mimétisme défensif peut être réalisé de différentes manières, soit par simple dissimulation comme nous en avons vu des cas, soit par terrification ; de cette dernière manière il y a des exemples bien curieux :

« Un grand nombre d'insectes qui vivent sur les troncs des arbres revêtent la livrée brillante des guêpes, les plus puissants des hôtes des vieux bois. Tels sont les *Ctenophora*, la *Spilomyia vespiformis* chez les Diptères, plusieurs*Sesia* chez les Lépidoptères, etc. Malgré leurs couleurs voyantes ces animaux sont protégés par leur ressemblance avec des êtres dangereux et redoutés. »[1]

Un cas plus extraordinaire de mimétisme défensif par terrification est celui des papillons brésiliens du genre *Caligo*. Dans leur position normale de repos, la tête en bas, ces animaux ressemblent *à s'y méprendre* à une tête de chouette vigilante, les yeux grands ouverts ; le mimétisme est si extraordinaire que les taches ocellées des ailes reproduisent non seulement l'œil de la chouette, mais encore la tache lumineuse qui se produit normalement sur la cornée. Nul doute que cette apparence terrifiante écarte de l'inoffensif papillon endormi les petits oiseaux carnivores qui, sans cette protection, en feraient infailliblement leur proie.

En dehors des insectes, on trouve d'autres cas de mimétisme défensif par terrification. Plusieurs serpents non venimeux imitent les *Elaps*, dont la morsure est mortelle. Ph. François a même rapporté récemment, des récifs de corail des Nouvelles-Hébrides, un poisson du groupe des murénides qui cohabite dans les récifs avec un *Elaps* dangereux (*Platurus fasciatus*) et lui ressemble étonnamment.

De nouveaux cas de mimétisme se découvrent chaque jour ; il serait fastidieux de les énumérer ; mieux vaut s'en tenir aux réflexions générales que peut inspirer leur étude.

À un point de vue différent du précédent, M. Giard a fait des cas de mimétisme une autre classification qui nous sera utile pour l'interprétation complète des faits :

« Il y a mimétisme *direct* quand un animal prend l'aspect d'un être

---

1 Giard, *Sur le mimétisme et la ressemblance protectrice* (*Arch. de zool. exp. et gén.*, 1872, et *Bull. sc.*, xx, 1888)

organisé quelconque ou même d'une substance inorganique parce qu'il a un intérêt immédiat à prendre ce déguisement.

« Il y a mimétisme indirect quand les animaux de groupes différents arrivent à se ressembler, par une adaptation commune à des conditions d'existence semblables,[1] en dehors de toute influence atavique, bien que cette influence, dans un grand nombre de cas, puisse faciliter les variations corrélatives.

« Un grand nombre de classifications dites paralléliques ne reposent que sur des faits de mimétisme indirect et nullement sur des homologies véritables et phylogéniques ; les Lamellaria, les Pleurobranches, les Limaces, sont trois termes correspondants chez les *Prosobranches*, les *Opisthobranches* et les*Pulmonés* ; mais les ressemblances que présentent ces animaux sont tout à fait indirectes ; c'est ce que Strickland et Woodward appellent des ressemblances imitatives, ce que j'appellerai plus volontiers des *ressemblances professionnelles*.[2] »

Je ne parle pas ici des cas où le mimétisme est immédiatement soumis à l'influence de la volonté comme chez les poulpes, les poissons pleuronectes, etc., que j'étudierai à propos de l'interprétation lamarckienne des faits d'imitation ; mais sans *paraître*[3] directement soumis à l'influence de la volonté, le mimétisme peut être *temporaire* comme chez ces *Lamellaria* deGiard, mollusques qui ont des couleurs différentes, toujours protectrices, suivant les colonies d'*Ascidies* composées sur lesquelles ils vivent ; cette harmonisation de couleurs n'est pas immédiate ; elle est même assez lente, car, lorsqu'ils quittent l'*Ascidie* homochrome, les *Lamellaria* trahissent leur présence par les vives couleurs qu'ils conservent encore longtemps après.

Enfin, il faut distinguer de ce mimétisme *temporaire*, le mimétisme *évolutif*et le mimétisme *périodique*.[4]

---

1 Ceci rentre dans les cas de convergence des caractères que nous avons étudiés plus haut ; il y a tellement de passages entre les cas de convergence reconnue et ceux de mimétisme direct que l'on est tenté de rapporter les seconds à la même cause que les premiers : nous aurons à discuter ces faits ultérieurement.
2 Giard, *op. cit.* Le mimétisme professionnel de Giard entre dans la ressemblance acquise par cinétogénèse à laquelle j'ai déjà fait allusion plus haut ; j'aurai à revenir là-dessus pour l'interprétation lamarckienne des faits d'imitation.
3 Distinction faite par Giard, dans le mémoire précédemment cité.
4 Je signale seulement, sans m'y arrêter longuement, le mimétisme parasitaire :

Le premier est surtout remarquable chez certains insectes et détermine chez eux un polymorphisme intéressant. Il se produit à une époque déterminée de la vie d'un animal, au moment où il peut lui être utile, et persiste pendant toute la période pour laquelle il s'est réalisé. Tel est par exemple le mimétisme de la chenille *Smerinthus Tiliæ* qui, verte, sur la feuille de l'arbre qui l'a nourrie (orme, tilleul, poirier), devient très souvent brune au moment où elle descend le long de l'écorce pour s'enterrer et se transformer en chrysalide.

Le mimétisme périodique se réalise chez les animaux qui changent de teinte suivant la saison. « Le renard bleu, dit Wallace, l'hermine et le lièvre des Alpes ne sont blancs qu'en hiver, parce qu'en été le blanc serait visible plus que toute autre couleur et constituerait par conséquent un danger plutôt qu'une protection. »

Je signalerai encore, avant d'entreprendre l'essai d'interprétation générale des phénomènes de mimétisme, la remarque assez intéressante que, très souvent, chez les insectes, le mimétisme protecteur est restreint au sexe femelle. Or les insectes ne s'accouplent qu'une fois dans leur vie ; la prolongation de l'existence du mâle après l'accouplement est inutile à la conservation de l'espèce, tandis que la femelle doit vivre assez longtemps pour déposer ses œufs en lieu convenable et assurer ainsi la prospérité de ses petits. Wallace a fait remarquer aussi que les femelles des oiseaux ont des couleurs ternes qui les protègent pendant l'incubation, sauf quand elles ont un nid suffisamment clos qui les protège directement.

Enfin pour terminer : Plateau considère comme faux le mimétisme de deux noctuelles (*Moma Orion* et *Dichonia aprilina*) parce que les époques d'apparition des deux espèces sont si différentes qu'il faudrait de véritables perturbations dans les saisons pour les rencontrer à la même époque de l'année ; Giard fait remarquer à ce sujet « qu'il faut, dans les questions de ce genre, envisager les espèces considérées non seulement dans l'espace, mais dans le temps, le mimétisme pouvant survivre aux causes qui l'ont produit », réflexion importante dont nous aurons à tirer parti. D'ailleurs, indépendamment de cette considération, il y a des cas où un mimé-

« Certains parasites déterminent des modifications morphologiques parfois très importantes chez leurs victimes et leur donnent une ressemblance avec d'autres objets, ressemblance dont le rôle protecteur, par rapport au parasite, est souvent très manifeste. » Giard, *Ann. Soc. anatom. fr.*, 1894. Exemple des galles végétales produites par des insectes.

TROISIÈME PARTIE

tisme peut être protecteur sans synchronisme ; un oiseau, dégoûté pendant l'automne par des insectes âcres ou puants, pourra très bien conserver le souvenir instinctif de ce dégoût et épargner au printemps des insectes comestibles rappelant extérieurement les premiers.

En résumé, tous les cas de mimétisme que nous avons passés en revue sont *utiles* aux espèces qui les présentent et par conséquent la sélection naturelle doit les conserver et même les renforcer ; les darwinistes considèrent cette explication comme suffisante et admettent des ressemblances initiales*fortuites.* Cela est-il véritablement satisfaisant et n'y a-t-il pas des cas où la perfection de la ressemblance exigerait, pour se concevoir, des hasards véritablement merveilleux ? La tache de lumière dans l'œil de chouette dessiné sur les ailes du papillon brésilien *Caligo* peut-elle être vraisemblablement attribuée à un heureux hasard ? Il faut discuter tout cela.

De plus, n'y a-t-il pas des cas où une espèce *imite* véritablement soit le milieu, soit une autre espèce, au sens que nous avons donné au mot *imitation*dès le début de cet article ? N'y a-t-il pas chez *certains* êtres vivants, certaines propriétés qui déterminent une réponse de l'organisme, *analogue* à l'excitation venue du dehors ; ne peut-on en un mot considérer dans certains cas l'imitation comme un résultat direct de l'action du milieu sur l'individu ? Nous allons essayer de nous en rendre compte dans le prochain chapitre.

CHAPITRE XIV
LE MIMÉTISME LAMARCKIEN

Le professeur Poulton a fait connaître en 1890[1] le résultat d'expériences fort curieuses, sur la production *directe* de couleurs chez des larves de papillons exposées à diverses lumières. Il mettait des chenilles de *Vanessa urticæ* dans des cylindres de verre entourés de papier de couleur et étudiait la coloration de la chrysalide qui en provenait. Normalement, la chrysalide de cette espèce a de nombreuses taches dorées. Or, quand le papier employé était noir, les chrysalides (Poulton opérait sur des centaines d'indivi-

---

1 *The Colors of animals. International scientific series.* Vol. LXVIII, by E. Poulton, Londres, 1890.

dus) étaient, dans la règle, extrêmement sombres avec très peu de trace ou même pas de trace du tout des taches dorées spécifiques. Au contraire, l'emploi de papier blanc donne naissance à des chrysalides dépourvues de parties sombres, avec un si grand développement des taches dorées que la chrysalide avait l'air d'être roulée dans une feuille d'or.

Longtemps auparavant, en 1867, T. W. Wood avait montré à la Société entomologique de Londres un certain nombre de chrysalides du papillon blanc des jardins, chrysalides qui avaient les couleurs des surfaces sur lesquelles on les avait trouvées attachées. Ce naturaliste avait supposé que la peau de la chrysalide est photographiquement sensible pendant quelques heures après sa formation. Cette hypothèse a été reconnue fausse ; il faut que la chenille elle-même ait été exposée à la lumière d'une couleur donnée pour qu'elle sécrète une enveloppe de pupe de la même couleur ; la peau de la pupe elle-même est insensible. Poulton a essayé de voir quelle partie de la peau de la chenille était apte à recevoir et emmagasiner les impressions lumineuses, mais ses expériences, assez peu démonstratives, sur ce point, l'ont seulement amené à conclure que l'ensemble de la peau reçoit les impressions lumineuses, mais que ces impressions n'agissent pas localement et se transmettent à tout l'être par l'intermédiaire du système nerveux.

Depuis cette époque le même auteur a obtenu des résultats remarquables en confinant des larves de papillons aux branches de certaines plantes de couleurs différentes. Les larves de géométrides confinées sur des parties noires devenaient très sombres, celles des parties blanches devenant au contraire très pâles. Sur des branches couvertes de lichens elles prenaient une teinte tachetée admirablement propre à déguiser leur présence.

Pour être exceptionnels dans la série animale, les résultats des expériences de Poulton n'en sont pas moins intéressants. Ils se ramènent à ceci que la réponse de l'organisme considéré à une excitation lumineuse de couleur donnée est une sécrétion de *même couleur* ; le mécanisme de cette réversibilité est peut-être compliqué, peut-être exceptionnel ; elle constitue néanmoins un cas de mimétisme dans lequel il n'y a à invoquer ni le hasard ni la sélection naturelle, mais l'action directe du milieu sur l'organisme ; c'est, en d'autres termes, un cas de mimétisme lamarckien.

TROISIÈME PARTIE

Revenons maintenant sur le cas, étudié précédemment avec l'explication purement darwinienne, de la genèse de l'albinisme chez les animaux. Wallace affirme que « la variété blanche des rats et des souris ne dépend nullement d'une altération du climat, de la nourriture ou d'autres conditions externes ». On se souvient qu'il explique la rareté du type blanc à l'état sauvage par le danger que courent les individus de cette couleur dans les régions tempérées, exposés qu'ils sont par leur couleur même aux attaques de leurs ennemis. Il y a une autre raison à ce fait (toujours dans l'explication purement darwinienne) : c'est que les individus blancs sont en général doués d'une vitalité moindre ; la diminution du pigment coïncide avec une diminution de la résistance individuelle et *vice versa*. Tous les éleveurs, et surtout ceux d'oiseaux de basse-cour, sont d'accord pour reconnaître que l'élevage des sujets blancs est plus aléatoire que celui des individus pigmentés. Ces derniers sont plus robustes et supportent mieux les intempéries ; ils ont donc plus de chance de réussir à l'état sauvage que les individus blancs affaiblis. Nous avons déjà vu que les cochons noirs résistent mieux que les blancs à une certaine intoxication.

Mais toutes ces considérations, si favorables à l'interprétation purement darwinienne, mettent aussi en évidence une relation indéniable de la pigmentation avec la constitution individuelle et par suite avec le genre de vie. En 1827, Heusinger avait déjà établi que « la proportion de pigment dans l'épiderme est en raison inverse de la quantité du tissu adipeux sous-jacent au tégument ». Or, les animaux sauvages, à cause de leur vie beaucoup plus active et de leur nourriture moins régulièrement abondante, sont toujours plus maigres que les animaux domestiques ; il y a donc plus de chances pour que des variétés blanches apparaissent moins souvent à l'état sauvage, ce qui établit déjà, quoi qu'en ait dit Wallace, un rapport *direct* entre l'albinisme et la domesticité. La perruche ondulée qui se reproduit en volière perd souvent sa livrée verte coupée de lignes noires pour la remplacer par une robe dépigmentée d'un jaune uniforme.

Ce sont là des cas indéniables de variation lamarckienne, c'est-à-dire de variation sous l'influence directe des conditions de milieu.[1] Il n'est donc pas illogique de chercher si, indépendamment

---

1 Les conditions de milieu ne sont pas toujours faciles à analyser, mais on est

du caractère utilitaire que fixe la sélection naturelle, certaines ressemblances mimétiques, certains cas d'homochromie ne sont pas directement imputables à l'action du milieu. La robe fauve des habitants du désert est-elle due à une influence directe de la couleur du sol ? Livingstone rapporte qu'un chien barbet, qui le suivit dans ses explorations en Afrique, était à pelage noir quand il quitta l'Angleterre, et *qu'il devint roux* après quelques mois de séjour dans le centre africain.

Et la robe blanche des animaux polaires ? Elle peut être en relation, d'après la loi de Heusinger, avec la quantité plus grande du tissu adipeux ; peut-être est-elle une conséquence directe de la couleur blanche du sol comme dans les expériences de Poulton sur les chenilles. On sait que la plupart des races humaines septentrionales sont blondes, c'est-à-dire pauvres en pigment, tandis que les races des tropiques sont nègres, sans qu'on puisse faire intervenir ici la sélection naturelle.

Mais, objectera-t-on, les Esquimaux sont aussi foncés que des Malais ! C'est peut-être un caractère héréditaire qu'ils n'ont pas eu le temps de perdre encore ; les Européens qui vont aux tropiques deviennent bruns, mais non nègres, et leurs descendants sont blancs quand ils retournent en Europe. Et puis d'ailleurs une exception comme celle des Esquimaux ne prouve rien. Les différentes espèces ou races n'éprouvent pas de la même manière l'influence du milieu ; l'ours polaire est blanc, peut-être par l'action directe de la neige, mais la martre zibeline conserve pendant les froids de l'hiver sibérien sa riche fourrure brune. Si le milieu a directement une influence sur la coloration des animaux, il produit probablement dans les différents cas des couleurs diverses ; seules les variétés homochromes sont avantageusement douées de ce côté et la sélection naturelle tend à les conserver, mais elle peut conserver aussi d'autres variétés hétérochromes qui sont, sous d'autres rapports, mieux armées pour la défense. Il ne faut pas oublier que le mimétisme est l'exception.

Même parmi les animaux pélagiques, il y a des exceptions à la

---

obligé d'accepter, souvent sans la comprendre, l'influence directe de ces conditions prises en bloc. Par exemple, le climat de l'île de la Réunion fait blondir au lieu de noircir ; beaucoup de créoles y sont très blonds, et le moineau d'Europe, introduit depuis cinquante ans seulement, y a déjà pâli sensiblement.

TROISIÈME PARTIE

transparence, et ces exceptions sont en faveur du principe de Darwin, car elles portent sur les animaux les plus puissants et les plus rapides (requins, etc.) qui n'ont pas besoin d'une homochromie protectrice. On peut néanmoins se demander, en présence de cette transformation commune d'un si grand nombre d'êtres entièrement différents en types pélagiques, s'il n'y a pas là une action directe des conditions de milieu, ces conditions étant d'ailleurs d'une constance remarquable.

La conclusion du présent chapitre est que, dans certains cas au moins, on constate une imitation *directe* de la couleur du milieu par les animaux qui y vivent ; cette imitation est peut-être le résultat atavique d'une *imitation volontaire* antérieure fixée par l'habitude et l'hérédité et devenue ainsi involontaire ; la présente hypothèse va puiser une assez grande légitimité dans la constatation de certains faits faciles à observer encore aujourd'hui sur des espèces actuellement vivantes, je veux parler des faits du mimétisme homochromique volontaire.

Mimétisme homochromique volontaire. — Il y a certainement des cas où des animaux *choisissent* un habitat dans lequel leur couleur peut leur servir de défense ; ce choix peut devenir instinctif à la longue. Il y en a d'autres où les animaux ont la faculté d'imiter *momentanément* la couleur ou l'aspect du milieu dans lequel ils se trouvent, par une modification *volontaire* ou *instinctive*[1] de la couleur propre de leur peau.

Certains crabes se laissent recouvrir par les spongiaires, les hydraires ou les algues et, à l'abri de ce rideau, peuvent s'approcher inaperçus de leur proie. Quelques-uns d'entre eux *plantent eux-mêmes*, sur leur dos, des algues en harmonie avec celles au milieu desquelles ils vivent, et, si on vient à les transporter au milieu d'algues d'une autre couleur, ils se débarrassent de celles qu'ils portent et en plantent de nouvelles. Il y a là quelque chose d'analogue à ce que nous faisons aujourd'hui pour nos troupes coloniales ; le casque blanc nécessaire pour abriter les soldats contre les insola-

1 Je réunis ces deux cas sous la même rubrique du mimétisme volontaire, car je crois que personne aujourd'hui ne songe à attribuer aux instincts une origine autre que la fixation héréditaire d'actes primitivement volontaires, mais devenus inconscients par une longue habitude. Je fais naturellement les plus expresses réserves sur la nature même des phénomènes volontaires et sur leur liberté. (Voir le *Déterminisme biologique*, Paris, Alcan, 1897.)

tions était trop voyant ; on lui a donné une teinte fauve ou grise ainsi qu'au reste de leur vêtement, ce qui les empêche d'être vus d'aussi loin et leur permet d'approcher plus facilement l'ennemi.

Bien plus, un grand nombre d'animaux ont la faculté de modifier *la couleur même de leur peau* de manière à imiter la teinte du milieu sur lequel ils vivent. Le cas du caméléon est depuis longtemps célèbre, et ce cas est loin d'être isolé. Des expériences fort précises ont même été faites chez la rainette et chez certains poissons habitant le fond sableux de la mer. Pouchet et Cope ont étudié le mécanisme de cette adaptation homochromique momentanée et le rôle du système nerveux général ainsi que des organes visuels dans cette adaptation.

Pour bien comprendre ces expériences, il faut se rendre compte d'abord de la nature même de la coloration des animaux ; cette coloration peut être due à des causes variées. Certaines substances organiques ont une couleurpropre ; tels sont, par exemple, les muscles de l'homme et du bœuf, qui sont rouges. Des irisations souvent très brillantes peuvent résulter de phénomènes optiques, comparables à ceux d'où résulte la production des anneaux colorés. Les expériences de Pouchet et de Cope ont porté sur des organes colorants d'une nature tout autre : « Les éléments anatomiques, dit Pouchet, empruntent souvent leur couleur à des matières colorantes, solides ou dissoutes, distinctes de la substance de l'élément lui-même et qu'on peut extraire par l'analyse immédiate. Ces substances colorantes méritent seules le nom de *pigments*, Elles sont de nuances diverses ; elles sont tantôt à l'état granuleux, tantôt à l'état de dissolution réciproque dans la substance vivante… Les pigments sont très répandus dans les éléments anatomiques doués de mouvements sarcodiques et qui peuvent en conséquence présenter des changements de forme très accusés sous certaines influences telles que l'électricité, la lumière, etc. Nous leur donnons le nom de *chromoblastes*. Ils s'étalent en nappes, ou se resserrent en masses arrondies. Ces changements ne modifient pas la quantité de matière colorante contenue dans l'élément et par suite dans le tissu, mais ils modifient beaucoup l'impression rétinienne que nous en recevons. Dans le premier cas, la nappe étalée, masquant les couleurs plus profondes, impressionne seule la rétine. Dans le second, l'élément resserré en sphère ne mesurant pas plus de 15 à 20 millièmes de millimètre fait sur notre rétine une image plus petite que l'élément rétinien et dès lors devient invisible, tandis que les radiations émanant des parties profondes vont librement impressionner notre œil. Si l'on ajoute que, dans le même tissu, on peut trouver des chromoblastes de différentes couleurs et qu'ils peuvent être les uns ou les autres à divers états de contraction, on comprendra qu'il suffise de deux jeux chromatiques de cette espèce pour amener par leur état de contraction ou de dilatation relatives un nombre considérable de nuances.[1] »

Pouchet a vérifié pour la distribution des chromoblastes la loi de Heusinger, signalée plus haut, de l'antagonisme des pigments et de la graisse. Il a établi, anatomiquement d'abord, physiologiquement ensuite, les relations des chromoblastes avec le système nerveux. *L'état d'expansion ou de contraction de ces éléments est sous la dépendance du système nerveux*, ce qui expliquera les phénomènes de *mimétisme homochromique volontaire*.

Les expériences de Pouchet ont porté sur des poissons des fonds (turbot, callionyme, etc.) et sur des crevettes (crangon, palœmon). Il a constaté expérimentalement le changement *individuel* de coloration d'un grand nombre de poissons et de crustacés suivant les fonds où on les fait vivre, expliquant ainsi le fait bien connu des pêcheurs, que les poissons prennent la couleur du fond de la mer. *En général*, en effet, les changements constatés ont pour résultat d'harmoniser le *ton* de l'animal avec celui du fond ; dans tous les cas, ces changements résultent de l'état d'expansion ou de retrait des diverses sortes de chromoblaste existant à la périphérie de l'animal.

Que ces changements de coloration dépendent des impressions colorées reçues par l'animal lui-même, cela est mis en évidence par leur suppression chez les individus auxquels on a expérimentalement enlevé les yeux. Que ces changements soient sous la dépendance du système nerveux, cela ressort par exemple de l'expérience de Pouchet que la section du trijumeau les supprime dans la région de la face qu'il innerve.

Cope[2] a obtenu des résultats analogues chez certaines espèces

---

1 G. Pouchet, *Des changements de coloration sous l'influence des nerfs*, Paris, G. Baillière, 1876.
2 Cope, *The primary factors of organic Evolution*, Chicago, 1896, p. 499.

de rainettes (*Hyla gratiosa*) qui sont vertes quand elles sont sur des feuilles et deviennent brunes quand on les transporte sur de l'écorce ; des Hyla expérimentalement aveuglées restaient vertes sur des surfaces brunes ; chez d'autres rainettes pourvues d'yeux, un membre fortement serré par une ligature restait vert alors que tout le reste du corps devenait homochrome à une surface brune sur laquelle l'animal était posé.

De toutes les expériences précédentes il résulte que l'homochromie est individuelle, fonctionnelle chez les animaux étudiés ; est-elle consciente et volontaire ? il serait difficile de l'affirmer, mais, si elle est instinctive aujourd'hui, il est probable que cet instinct, comme tous ceux dont l'origine est connue, provient d'un acte anciennement volontaire et devenu aujourd'hui inconsciemment réflexe par un exercice habituel au cours de nombreuses générations.

Nous trouvons un exemple de ces réflexes inconscients (provenant d'une habitude anciennement acquise et conservés même alors qu'ils sont devenus parfaitement inutiles) dans le phénomène de la *chair de poule* qui se produit chez nous quand nous éprouvons une violente terreur. C'est un réflexe mimétique cutané, de même ordre que la réaction homochrome des turbots, que celui dont nous sommes sans cesse témoins chez les animaux velus. Regardez un chat qui fixe un chien en arrêt devant lui ; tout son poil se hérisse sous l'influence du sentiment d'horreur et de terreur qu'il éprouve, et le résultat de ce phénomène est de provoquer chez le chien une crainte suffisante pour le tenir à l'écart. Voilà un cas de mimétisme certain ; l'animal effrayé devient effrayant (*horridus*) par cela même qu'il est effrayé. Ce phénomène est-il volontaire chez le chat ? nous l'ignorons, quoique nous sachions qu'il est involontaire chez nous, mais il est probable qu'il a été volontaire autrefois. Et chez nous hommes, il est devenu non seulement involontaire, mais inutile, à cause de l'atrophie du système pileux de notre corps ; au lieu de devenir terribles nous avons seulement la chair de poule.

Voilà donc un premier résultat d'une habitude conservée pendant plusieurs générations ; de consciente et volontaire elle peut devenir inconsciente et instinctive. Ce n'est pas tout ; elle peut créer un caractère morphologique nouveau par cinétogénèse[1] ou assimilation

1 Voir, dans la *Revue philosophique* de 1897, Les théories *néo-lamarckiennes* et

TROISIÈME PARTIE

fonctionnelle et disparaître ainsi en tant qu'habitude, l'acte étant remplacé par le caractère acquis que l'hérédité transmet ; le mimétisme volontaire ou instinctif sera devenu une homochromie spécifique, caractère favorable que fixe la sélection naturelle. Une observation de G. Pouchet est très intéressante à cet égard : « La faculté qu'ont les animaux de changer de couleur peut être entretenue par l'exercice : comme toute fonction, elle est, faute d'exercice, bientôt plus ou moins abolie. L'expérience suivante le prouve : il s'agit d'un turbot que nous avons un jour trouvé à notre arrivée à l'établissement de Concarneau, vivant là depuis longtemps, avec d'autres turbots, dans une vasque à fond de sable. Tous étaient, en conséquence, à l'unisson avec la couleur de ce fond clair. Il fut choisi entre eux comme le plus pâle et placé sur fond brun, où il mit *cinq jours* à devenir foncé. Replacé sur le sable, il avait repris au bout de *deux jours* sa pâleur primitive. Remis alors de nouveau sur fond brun, il acquit en *deux heures* la teinte qu'il avait mis la première fois cinq jours à gagner.[1] »

Pouchet fait remarquer avec raison l'importance zoologique de cette influence si rapide de l'habitude. Si l'on démontre en effet que la fonction est entravée après un aussi court espace de temps que dans l'expérience relatée ci-dessus, on admettra facilement qu'elle puisse être *abolie* dans certaines circonstances, par exemple si l'espèce n'a pas eu pendant plusieurs générations l'occasion de l'exercer. Dès lors, la même souche d'animaux se trouvera avoir donné naissance à deux races différentes, l'une très pigmentée, l'autre très peu pigmentée, suivant les fonds où elles auront été cantonnées et qui auront toutes deux perdu, faute d'avoir l'occasion de l'exercer, cette faculté qu'avait l'ancêtre commun de modifier le coloris de sa peau.

Une homochromie spécifique aura remplacé la faculté ancestrale d'accommodation.

J'ai fréquemment constaté un exemple de ce phénomène dans mes pêches à marée basse à Pleumeur en Bretagne. Il y a là une grande plage qui, aux plus petites marées, découvre d'un kilomètre environ, jusqu'à l'acore du banc sableux au delà de laquelle la mer ne se retire qu'aux très grandes marées. Les crevettes pêchées dans

---

la*Cinétogénèse* de cope.
1 Pouchet, *op. cit.*, p. 73.

les flaques en deçà de l'acore du banc sont d'une teinte grisâtre légèrement opaque, s'harmonisant parfaitement avec le fond de sable sur lequel elles vivent ; les individus de la *même espèce* du genre Palœmon, péchés au delà de l'acore, en eau profonde, sont au contraire tout à fait transparents, avec des reflets verts ou rougeâtres, suivant les algues des fonds. Or le flot des grandes marées apporte souvent dans les flaques littorales les Palœmon d'eau profonde, et il arrive souvent, pendant les époques où la marée est très forte, que du même coup d'épuisette, dans les flaques du bord, on ramène à la fois des individus de la variété littorale et de la variété des fonds rocheux ; et ces deux variétés restent *parfaitement distinctes*par leur coloration, quelle que soit la durée du séjour des Palœmon d'eau profonde sur les fonds sableux ; voilà donc des variétés *fixées* ou tout au moins devenues très stables.

Comme dans tous les cas de cinétogénèse ou de dégénérescence par désuétude, la fonction chromatique de ces crevettes, soit qu'elle soit constamment exercée dans le même sens, soit qu'elle cesse de s'exercer, a donc fini par disparaître, se trouvant remplacée par un caractère définitif de coloration, et nous prenons sur le fait, dans ce cas des Palœmon, l'apparition lamarckienne d'un mimétisme homochromique identique à ceux que Wallace attribue au seul hasard guidé par la sélection naturelle.

Les crustacés et les insectes appartiennent au même groupe zoologique, mais, comme nous le verrons ultérieurement, l'évolution des insectes est, si j'ose m'exprimer ainsi, bien plus terminée que celle de toute autre classe d'animaux ; il est donc possible que les cas d'homochromie aujourd'hui spécifiques dont nous sommes témoins soient la conséquence d'anciens mécanismes de mimétisme volontaire d'abord, instinctif ensuite. Le cas des chenilles de Poulton indique chez certaines espèces, encore aujourd'hui, une action directe du milieu sur la couleur ; nous ne savons pas comment s'exerce cette action ; peut-être, chez quelques papillons, y a-t-il une sorte de photographie des couleurs par le revêtement des ailes ?

Enfin, les faits que nous venons d'étudier nous interdisent d'attribuer au*seul* hasard les ressemblances homochromiques.

Imitation des objets. — « Un vieux crabe dit un jour à un jeune crabe : « Pourquoi marches-tu ainsi de travers au lieu d'aller droit devant toi ? » — Le jeune crabe lui répondit : « Marche droit toi-même pour me montrer comment il faut faire et je t'imiterai.[1] » Le pouvoir imitatif des êtres est limité par leur forme et leur mécanisme héréditaires. Jamais un lapin poursuivi par un chien n'aura l'idée de mimer un bâton ou une feuille pour échapper à son ennemi, tandis que cela sera tout naturel pour un insecte phasmidé que guette un oiseau. Les corps des animaux, dans leur variété infinie, doivent naturellement ressembler d'une manière *plus ou moins vague* à tel ou tel objet vivant ou brut ; si cette ressemblance peut être protectrice, il arrivera que beaucoup d'animaux sauront en tirer parti en s'ingéniant à imiter volontairement *le corps qui leur ressemble le plus*. Ils emploieront dans cette imitation volontaire *toutes les ressources de leur mécanisme*. Si le mécanisme ne leur permet pas d'imiter, ils n'imiteront pas, et en effet les cas de mimétisme sont, je le répète, des cas exceptionnels. Mais combien variés ont dû être ces mécanismes peauciers dont il ne reste plus aujourd'hui que de bien faibles traces ! Nous connaissons le jeu des chromoblastes des poissons et des crustacés ; ce jeu tend à disparaître dans beaucoup de cas pour faire place à des caractères morphologiques définitifs, mais avons-nous le droit d'affirmer qu'il n'existait pas chez les ancêtres des *Kallima* un jeu d'organes cutanés capable de leur permettre de simuler les imperfections des feuilles d'un arbre qu'ils avaient choisi comme habitat précisément à cause d'une ressemblance vague préexistante de leurs corps au repos avec ces feuilles ?

N'avons-nous pas nous-mêmes beaucoup de peine à nous persuader que nos ancêtres ont su hérisser volontairement leurs poils pour effrayer leurs ennemis ? Les bacilles (phasmides) qui ressemblent à des bâtons desséchés ont encore, dit Wallace, « la bizarre habitude de laisser pendre leurs pattes irrégulièrement, ce qui rend l'erreur encore plus facile ». À force de jouer au bâton desséché, et par un phénomène normal de cinétogénèse, ces insectes curieux sont arrivés à acquérir une ressemblance morphologique de plus en plus grande avec un amas de petits bouts de bois ; de même les *Kallima* sont arrivés à ressembler d'une manière merveilleuse aux feuilles des arbres sur lesquels ils vivent, mais une fois cette

---

1 Vieille fable.

Félix le Dantec

ressemblance obtenue, le mécanisme imitateur devenu inutile a naturellement disparu d'après la loi de Lamarck, laissant à sa place le caractère morphologique acquis. La sélection naturelle est intervenue en même temps pour conserver les individus les mieux protégés par une mimique parfaite ; je suis loin de nier l'importance capitale du principe de Darwin dans l'histoire du mimétisme, mais je crois que ce principe agissant seul pour la conservation de variations *dues au pur hasard* ne peut permettre d'expliquer que des cas de ressemblance assez vague, ou au moins ne portant pas sur des détails d'une minutie trop considérable. Ne trouvez-vous pas qu'il faut attribuer au hasard des caprices vraiment merveilleux pour admettre qu'il a produit un jour, sans raison, sur les feuilles du *Kallima paralecta* des taches identiques à « ces cicatrices que font les insectes herbivores quand, ne laissant que l'épiderme, ils dessinent sur la feuille de petites plages translucides » ; et croyez-vous aussi qu'en admettant que ce caractère particulier ait été produit *une fois* par hasard, il ait eu un rôle protecteur suffisant pour être fixé par la sélection naturelle ? N'est-il pas plus vraisemblable d'admettre qu'une ressemblance d'abord vague s'est précisée petit à petit, par cinétogénèse, à cause d'une imitation volontaire dont le mécanisme a disparu, mais dont nous connaissons des exemples si remarquables dans d'autres cas ? Quel dessin capricieux ne pourrait imiter par exemple le *Callionymus lyra* avec son jeu si riche de chromoblastes ? Ce poisson n'a pas trouvé un habitat auquel il eût un grand avantage à se fixer en l'imitant sans cesse. Autrement ce mimétisme toujours répété eût naturellement remplacé par un caractère morphologique définitif cette fonction admirable qui a été conservée par des variations incessantes de demeure, et nous nous étonnerions aujourd'hui de trouver un poisson représentant à s'y méprendre et comme imité par un artiste de premier ordre, un morceau de pierre recouvert de patelles et de balanes[1] !

Les cas de mimétisme les plus extraordinaires sont des cas où nous ne trouvons plus aucune fonction analogue à la fonction chromoblastique, et où les dessins les plus merveilleux sont mor-

---

1 C'est évidemment à un cas de ce genre qu'il faut rapporter l'exemple cité précédemment d'une murène imitant un serpent venimeux du genre Elaps, c'est-à-dire formé d'anneaux noirs et blancs consécutifs ; il y a des murènes qui ont des chromoblastes ; celle-ci a obtenu une coloration spécifique définitive en imitant sans cesse le même serpent.

TROISIÈME PARTIE

phologiquement fixés par l'hérédité. Mais cela n'est-il pas absolument logique ? Quand la perfection de l'imitation protectrice a été obtenue, l'habitat fixe correspondant a été choisi définitivement ; par conséquent, en vertu même des principes de Lamarck, l'opération habituelle est devenue d'abord instinctive, puis, au bout d'un certain nombre de générations, cet instinct lui-même a disparu pour faire place à un caractère cinétogénétique héréditaire.

Imitation d'une espèce animale par une autre espèce animale. — Lorsque les deux espèces qui se ressemblent sont extrêmement éloignées dans laclassification, ce cas rentre dans le précédent. Un *Caligo* qui ressemble à une tête de chouette peut être considéré comme imitant un *objet* avec lequel la ressemblance est utile pour lui. Il n'en est plus de même quand il s'agit de groupes voisins, de deux ordres d'insectes par exemple. Arrêtons-nous seulement au cas signalé plus haut des mouches du genre *Volucella* qui imitent les hyménoptères ; les larves des volucelles mangent celles des hyménoptères ; chaque espèce de volucelle correspond à une espèce d'hyménoptère dans le nid de laquelle elle dépose ses œufs pour que ses larves se nourrissent ensuite aux dépens des larves propres du nid. Or, *chaque espèce de volucelle imite précisément l'espèce d'hyménoptère avec laquelle elle a des relations de parasitisme.* Voilà une remarque extrêmement intéressante et dont les conséquences sont faciles à montrer.

Revenons à notre définition chimique de l'espèce. Une espèce est caractérisée par la composition chimique de toutes les substances plastiques constitutives de leur œuf et par suite de tous leurs tissus.

Deux œufs, différant par l'une au moins de leurs substances plastiques, donnent des développements différents, des êtres d'espèces distinctes. Si ces espèces sont voisines, les débuts des deux développements sont analogues, mais la divergence s'accentue avec l'âge. Considérons, par exemple, toutes les espèces du genre volucelle ; leurs œufs ont des caractères spécifiques propres, et à ces caractères différentiels correspondent précisément les différences spécifiques des adultes. Mais, en dehors de ces caractères différentiels, ces œufs ont aussi un certain nombre de caractères communs qui se traduisent par ce fait que leurs adultes sont : 1° volucelles, 2° diptères, 3° insectes, 4° arthropodes, en allant du plus précis au plus vague. À ce canevas commun à tous et comprenant les caractères de genre, d'ordre, de classe, d'embranchement, il faut ajouter pour chacun les caractères spécifiques et l'on constitue ainsi *la série des espèces du genre volucelle.*

Passons maintenant aux hyménoptères. Ces insectes ont en commun, dans leur constitution chimique, le caractère hyménoptère, le caractère insecte, le caractère arthropode, c'est-à-dire deux parties, les plus vagues il est vrai, du canevas sur lequel est tracée la constitution chimique des volucelles.

Supposez maintenant que les caractères spécifiques différentiels des œufs des espèces diverses du genre volucelle, puissent, ajoutés au canevas général de l'œuf d'hyménoptère, donner *des espèces réelles d'hyménoptères* ; il y aura parallélisme chimique, à ce point de vue, entre la série de ces espèces d'hyménoptères et la série des espèces du genre volucelle, et ce parallélisme chimique pourra se traduire par un parallélisme morphologique. Or, les relations de parasite à hôte indiquent une parenté chimique indéniable, au moins quant aux groupements accessoires des noyaux plastiques, puisque le parasite s'accommode des substances de l'hôte et de ses substances d'excrétion. Dans le cas particulier des volucelles, dont chaque espèce imite l'espèce d'hyménoptère hôte, il est donc fort compréhensible que des ressemblances morphologiques[1] existent entre l'hôte et le parasite correspondant. Ces ressemblances étant d'ailleurs utiles dans le cas présent, ont pu être accrues soit par imitation volontaire[2] et cinétogénèse consécutive, soit par le seul jeu de la sélection naturelle.

Un parallélisme analogue entre les séries d'espèces de groupes différents, mais parents, existe en dehors de toute espèce de mimétisme utile ; nous avons vu plus haut le parallélisme *professionnel* constaté par Giard entre les Lamellaria, les Pleurobranches et les Limaces. Les considérations suivantes sur l'espèce humaine expliqueront ce que signifie cette expression. Vous distinguez facilement un blanc d'un nègre ; avec un peu d'habitude vous reconnaissez facilement un professeur[3] au milieu de gens de tous les mé-

1 Surtout celles qui tiennent aux colorations, résultat de groupements très accessoires des noyaux plastiques.
2 S'il existe ou a existé dans le cas considéré un mécanisme rendant cette imitation possible.
3 Si vous n'admettez pas l'empreinte morphologique du métier de professeur, prenez un lutteur ou un bicycliste…

TROISIÈME PARTIE

tiers ; eh bien ! superposez les caractères du nègre d'une part et du professeur de l'autre ; le caractère professionnel ne vous empêchera pas de remarquer le caractère de race et tout en constatant l'aspect pédagogique (qui distinguerait de même un professeur blanc de tous ses congénères), vous n'en serez pas moins immédiatement avertis que vous voyez un nègre.

Les professions ne sont pas héréditaires chez l'homme et, par suite, les caractères professionnels ne déterminent pas de variétés fixées, mais, chez les animaux, le genre de vie est bien plus constant et peut se conserver pendant de longues générations. Les marsu-piaux sont fort nettement distincts des autres mammifères par la poche dans laquelle ils portent leurs petits nouveau-nés, mais il y a dans les diverses formes des marsupiaux une série profession-nelle parallèle à celle des autres mammifères ; il y a des marsu-piaux rongeurs, des marsupiaux carnassiers, des marsupiaux in-sectivores, des marsupiaux cheiroptères ! Et ces divers animaux ressemblent étonnamment à des animaux non marsupiaux qui ont le même genre de vie. Le Thylacina ou loup à bourse ressemble beaucoup à un loup… etc. Si donc les marsupiaux avaient cohabi-té avec les autres mammifères, ces ressemblances professionnelles auraient pu être protectrices et être par suite développées par imi-tation volontaire et par sélection naturelle. Eh bien, ce cas des mar-supiaux est absolument comparable à celui des volucelles par rap-port aux hyménoptères ; seulement, les volucelles, cohabitant avec les hyménoptères, ont profité de leur ressemblance, et l'ont accrue.

Que de ressemblances ont pu exister ainsi, qui n'ont pas été uti-lisées et par suite développées, parce que l'habitat n'était pas com-mun ? Imaginez, en France, cette petite murène qui ressemble à un serpent venimeux des Nouvelles-Hébrides. Sa robe si particulière la protège là-bas parce qu'on peut la confondre avec celle du ter-rible ophidien ; ici, au contraire, où il n'existe aucune espèce dan-gereuse qui lui ressemble, elle serait, par sa robe même, désignée comme une proie facile et inoffensive aux divers animaux ichtyo-phages.

Félix le Dantec

CHAPITRE XV
CONCLUSION DE L'ÉTUDE DU MIMÉTISME

La question du mimétisme protecteur est extrêmement complexe ; son explication darwinienne est insuffisante et, dans beaucoup de cas, il est impossible de se refuser à admettre au début de l'histoire de l'espèce mimétique, un fonctionnement imitateur volontaire ou instinctif.

Le hasard peut amener des ressemblances de couleur ou de forme entre des animaux et d'autres corps animés ou bruts.

1° Pour la couleur, dans beaucoup de cas, le hasard est une explication suffisante. La sélection naturelle en a tiré parti, soit en fixant chez les animaux l'instinct de la recherche d'un habitat homochrome, soit en faisant disparaître tous les individus qui ne jouissaient pas du mimétisme homochromique.

D'autre part, nous connaissons de nombreux exemples d'appareils spéciaux dont le fonctionnement, volontaire ou instinctif, détermine à chaque instant l'homochromie protectrice, au moins dans de certaines limites.[1] *Dans des conditions constantes* au cours de plusieurs générations, ce fonctionnement détermine une variation morphologique, une homochromie spécifique héréditaire qui est peut-être la source de beaucoup d'homochromies attribuées aujourd'hui au hasard.

Par d'autres procédés dont le mécanisme nous est moins bien connu, mais dont cependant il serait téméraire de révoquer l'existence en doute, le milieu peut, dans certains cas, déterminer des variations dans la couleur générale des animaux[2] (fourrure blanche des animaux polaires, transparence des animaux pélagiques, couleur fauve des hôtes du désert…), variations que la sélection naturelle fixe quand elles sont utiles à l'espèce.

2° Pour la forme, dans certains cas, le hasard est aussi une explication suffisante, mais seulement quand il n'y a pas de détails trop précis de ressemblance ; quand ces détails précis existent, il faut invoquer une imitation volontaire qui détermine à la longue, par

1 Une rainette ne devient pas bleue sur un fond bleu ; un turbot ne devient pas vert sur un fond vert ; leur mécanisme chromoblastique ne leur permet que certaines imitations colorées.
2 Les chenilles de Poulton entrent dans cette catégorie.

TROISIÈME PARTIE

cinétogénèse, la fixation de caractères morphologiques de plus en plus précis.

Les caractères de convergence et les ressemblances profession- nelles entrent dans cette dernière catégorie.

3° Enfin, il peut y avoir un parallélisme morphologique entre deux groupes parents d'animaux ; lorsque le mimétisme qui en résulte est utile, il peut se développer par imitation volontaire et aussi par sélection naturelle.

Dans tous les cas, en résumé, la sélection naturelle intervient indubitablement pour fixer les caractères utiles, mais souvent il faut faire intervenir l'explication lamarckienne pour comprendre l'apparition même de ces caractères. Nous prenons sur le fait, au- jourd'hui encore, des mécanismes chromoblastiques permettant l'imitation momentanée, source de mimétisme morphologique, quand elle est habituelle pendant un grand nombre de générations consécutives. Seulement, dans le groupe des insectes où les cas de mimétisme sont les plus extraordinaires et les plus nombreux, nous ne connaissons[1] aucun cas de cette imitation fonctionnelle ; il n'y a plus que du mimétisme morphologique ; cela tient à ce que l'évolution des insectes est presque terminée, beaucoup plus avan- cée dans tous les cas que dans les autres groupes ; leurs instincts, peu nombreux dans chaque espèce et d'autre part extrêmement précis et exercés sans interruption, se sont de plus en plus fixés dans des caractères morphologiques définitifs.

Pour les biologistes soucieux de l'explication *complète* des phéno- mènes, l'interprétation purement darwinienne des cas de mimé- tisme est sans doute plus satisfaisante ; mais dans beaucoup de cas le hasard ne saurait être raisonnablement invoqué comme seule cause de l'apparition des caractères de ressemblance entièrement précis ; il faut alors faire intervenir l'interprétation lamarckienne, l'acquisition des caractères par cinétogénèse, mais alors il fau- dra expliquer à son tour le *mécanisme même de l'imitation*. Indépendamment des questions de mimétisme, ce mécanisme de l'imitation étant la condition nécessaire de l'éducation, son étude présente un intérêt très spécial. L'enfant doit *apprendre en imi- tant* ce qu'il voit ou ce qu'il entend ; les insectes n'ont plus besoin

1 Sauf les expériences de Poulton, et encore nous ne connaissons pas le mécanisme de l'homochromie dans ce cas.

d'éducation, au moins dans quelques espèces, et d'ailleurs ils en seraient bien empêchés, car beaucoup ne connaissent jamais leurs parents ; pondus à l'automne par des parents qui meurent avant l'hiver, ils naissent au printemps doués d'instincts extraordinaires. Celui des *Sphex* est le plus incroyable ; ils savent paralyser des orthoptères en piquant leurs ganglions cervicaux, afin que ces orthoptères conservés vivants mais immobiles résistent à la putréfaction jusqu'à l'éclosion des œufs de *Sphex* qui sont déposés dedans ; ils savent le faire sans que leurs parents le leur aient appris, et ils assurent ainsi le sort d'une progéniture qu'ils ne connaîtront pas, puisqu'ils mourront plusieurs mois avant son éclosion ; mais cet instinct fixé résulte d'une imitation volontaire ancestrale ; la transmission *héréditaire*d'instincts aussi compliqués est une preuve de ce que je disais plus haut à propos du mimétisme, que les insectes semblent arrivés *au terme* de leur évolution. Elle est aussi, il me semble, une preuve indéniable de l'hérédité des caractères acquis, c'est-à-dire du deuxième principe de Lamarck.

QUATRIÈME PARTIE
LA THÉORIE BIOCHIMIQUE DE L'HÉRÉDITÉ

J'ai essayé de montrer, dans la deuxième partie de cet ouvrage, que toutes les théories reposant sur l'hypothèse des *particules représentatives*sont, malgré leur extrême ingéniosité, des théories caduques, à cause de l'hypothèse même qui leur a servi de base. Cette hypothèse, en réalité, n'en est pas une ; ce n'est qu'une manière de parler prétentieuse et antiscientifique, que j'ai assez irrévérencieusement, mais très justement, il me semble, comparée à la vertu dormitive de l'opium ; c'est un reste attardé de tout le fatras métaphysique qui constituait la science de la nature avant que la découverte de Lavoisier eût ouvert l'*ère chimique*.

Pourquoi le biiodure de mercure est-il rouge ? Parce qu'il y a dans sa substance des particules infiniment petites que l'analyse chimique ne peut pas mettre en évidence et qui ont la vertu de le rendre rouge. Dépourvu de ces particules infiniment petites, le biiodure de mercure ne serait pas rouge. Pourquoi cette goutte d'huile suspendue dans une solution saline de même densité est-elle sphérique ? Parce qu'il y a dans sa substance des particules infiniment petites que l'analyse chimique ne peut pas mettre en évidence et qui ont la vertu de lui donner la forme sphérique. Dépourvue de ces particules infiniment petites, la goutte d'huile serait *amorphe* (?) comme le protoplasma de Weissmann et non pas sphérique. Ceci n'est pas une plaisanterie ; c'est l'exposé rigoureux de l'*hypothèse* (?) des particules représentatives ; mais présentée de cette manière, avec des exemples empruntés à des corps peu compliqués, cette hypothèse se montre avec sa vraie valeur ; c'est une manière de parler et non une explication et de plus, cette manière de parler, qui n'explique rien, est la négation de la chimie tout entière. Les corps, chimiquement définis, ont des *propriétés* définies inhérentes à leur nature chimique, c'est-à-dire à leur structure moléculaire. Si les propriétés changent, c'est que les corps ont changé ; il n'y a pas à sortir de là. Un même corps se comporte toujours de la même manière, dans les mêmes conditions. L'eau se congèle à 0° dans les conditions normales de pression ; si un liquide que vous croyez être de l'eau ne se congèle pas à 0° dans les conditions convenables, vous pouvez affirmer que ce n'est pas de l'eau. C'est peut-être de l'*eau salée*, ce n'est pas de l'eau. Si vous avez conservé du biiodure de mercure dans un flacon et que vous y retrouviez un corps dépourvu de la couleur rouge, vous pouvez affirmer que ce corps n'est pas du biiodure de mercure. Toutes les molécules d'un corps chimiquement défini sont IDENTIQUES ; c'est la structure atomique de la molécule qui définit le corps ; toutes les propriétés du corps sont inhérentes à la structure atomique de sa molécule ; n'importe quelle molécule du corps peut remplacer, *sans que rien change*, toute autre molécule du même corps dans n'importe quelle réaction. Toute molécule qui, substituée à une molécule du corps donné, dans une réaction donnée, change cette réaction, est une molécule d'un corps *différent, une espèce chimique différente*. Voilà la notion rigoureuse du déterminisme chimique. Cela est vrai pour tous les corps de la nature ; chaque fois que l'on s'est entouré de précautions expérimentales suffisantes, on a constaté qu'aucune exception n'entache la rigueur de ce déterminisme absolu, quelle que soit la provenance, organique ou inorganique, des substances étudiées. La théorie biochimique résulte naturellement de cette constatation. Toutes les propriétés *chimiques* des corps vivants sont, de même que pour les corps bruts, soumises au déterminisme absolu. Est-il logique d'admettre que d'autres propriétés, *dites vitales, des mêmes* corps, y échappent ? La théorie biochimique se refuse à le croire ; mais elle se heurte là à des idées préconçues absolument courantes et elle doit commencer par prouver que ces idées préconçues sont fausses. Il est bien difficile d'attaquer de front une idée préconçue. Il est plus sage d'agir autrement, car on ne convainc pas un vitaliste. Seulement, on étudie successivement tous les phénomènes pour l'explication desquels les théories vitalistes ont été imaginées. On montre que chacun de ces phénomènes est susceptible d'une explication en rapport avec le déterminisme chimique et que, par conséquent, pour ce phénomène au moins, la théorie vitaliste est inutile. Cela ne convainc pas les gens qui ont déjà leur conviction faite, mais au moins, pour les autres, cela est utile, car cela leur donne à choisir entre deux explications, l'une conforme aux explications de tous les faits connus dans le règne inorganique, l'autre spéciale au règne organique et en contradiction avec le déterminisme qui régit les corps bruts. Ils choisissent l'une ou l'autre pour des raisons de sentiment.

Dans tous les cas, pour ceux que leur genre d'esprit pousse à être plus satisfaits d'une explication moniste, il est bon de montrer que, dès à présent, la théorie biochimique donne des explications *au moins* aussi complètes de tous les phénomènes vitaux que la théorie vitaliste. En leur montrant en outre que la théorie biochimique permet de prévoir des phénomènes nouveaux que la théorie vitaliste ne laissait pas soupçonner, on fera peut-être pencher la balance en faveur de la première. Commençons par signaler les objections immédiates que soulève la théorie biochimique.

La théorie atomique a conduit à rapporter les propriétés des corps à la structure de leurs molécules ; on a donné aux composés définis des noms qui rappellent d'une manière précise la structure de ces molécules formées d'atomes simples appartenant à un nombre limité d'espèces. Ainsi, pour tout individu au courant des nouvelles notations, le nom seul d'un corps donné permet de connaître toutes ses propriétés chimiques et de prévoir la manière dont ce corps réagira, dans des conditions connues, en présence d'un autre corps également connu. Réciproquement, la manière dont se comporte un corps donné dans des conditions données permet, sans erreur possible, de trouver le nom de ce corps pourvu qu'il appartienne à la catégorie, chaque jour plus nombreuse, des composés complètement étudiés par les chimistes. Mais, dira t-on, il reste des milliers et des milliers de corps naturels auxquels on ne sait pas encore attribuer une structure moléculaire précise ! Sans doute, mais la chimie est une science si récente qu'il faut s'étonner du nombre extraordinaire des composés complètement connus et non pas de ce qu'il en reste encore beaucoup qui ne le sont pas. Quand un chimiste rencontre dans la nature un de ces derniers corps, il essaie de le caractériser par un certain nombre de réactions précises auxquelles on pourra toujours le reconnaître dans la suite et lui donne un nom provisoire en attendant que l'analyse ait révélé sa structure moléculaire. A-t-on le droit, tant que cette structure moléculaire n'est pas connue, de considérer comme *chimiques* les propriétés par lesquelles on a caractérisé le corps en question ? Voilà la grande objection à la théorie biochimique. Il est certain que cette objection n'a aucune raison d'être quand il s'agit d'une réaction aussi simple que la combustion par l'oxygène donnant de l'acide carbonique, ou de toute autre réaction dont on retrouve des milliers d'exemples dans les corps chimiquement connus. Mais il n'en est plus de même quand il s'agit d'une réaction toute spéciale, ne ressemblant à rien de ce que nous enseigne la chimie des corps bruts. Tel est le cas de l'*assimilation*, réaction caractéristique des corps vivants. Non seulement cette réaction ne ressemble à aucune de celles que l'on rencontre dans l'histoire chimique des corps bruts, mais elle paraît, au premier abord, être de nature *absolument opposée*. En effet, feuilletez un traité de chimie, revoyez une à une toutes les réactions qui s'y trouvent rapportées et qui sont relatives à tous les corps à structure moléculaire connue, vous constaterez, sans exception, que *tout corps qui réagit chimiquement se détruit, en tant que composé chimique défini, par cela même qu'il réagit*. Autrement dit, si vous écrivez l'équation numérique de la réaction, en plaçant seulement dans le premier membre, exactement les nombres de molécules *qui ont effectivement réagi*, vous ne trouverez dans le second membre aucune molécule de même nom que dans le premier. Ceci étant très général, vous pourrez être tenté d'en tirer une loi qui caractérise les phénomènes chimiques et vous serez amenés ainsi à exclure de la chimie, toute réaction qui ne manifestera pas ce caractère de *destruction*. Mais je vous fais immédiatement remarquer que cette généralisation est dangereuse et regrettable. Supposez, par exemple, qu'en étudiant la chaleur de formation des corps, on s'en soit tenu par hasard aux corps, de beaucoup les plus nombreux, les plus stables, dans tous les cas, qui se forment eu dégageant de la chaleur. Cette hypothèse n'a rien que de très vraisemblable. Vous auriez pu donner comme loi générale, que tous les corps qui appartiennent à la chimie se forment en dégageant de la chaleur et vous auriez ainsi exclu d'avance, du domaine de cette science, tous les composés explosifs. Or, dans l'état actuel de nos connaissances, ne sommes nous pas en mesure de déclarer que cela eût été parfaitement absurde ? Il est bon d'être très circonspect dans les généralisations de cette nature et nous n'avons pas le droit d'affirmer que nous ne trouverons pas, dans la suite, des propriétés*chimiques* d'ordre nouveau, ne se manifestant pas par des réactions destructives comme celles qui sont connues jusqu'à ce jour. Qu'est-ce en effet qu'une propriété chimique ? La seule définition vraiment complète qu'on puisse donner est la suivante : c'est une propriété inhérente à une structure*moléculaire* donnée. De ce que toutes les molécules, dont nous connaissons aujourd'hui la structure, ne peuvent manifester leurs propriétés que par des réactions *destructives*, avons-nous le droit de préjuger de l'avenir et d'affirmer qu'il est impossible qu'une certaine structure moléculaire, différente des structures aujourd'hui connues, donne lieu à des réactions qui ne seront pas destructives ? De ce que nous ignorons la structure de la molécule des substances vivantes, avons-nous le droit de dire que l'assimilation n'est pas une réaction chimique ? Ce serait aussi absurde que d'avoir, dans le cas hypothétique cité plus haut, exclu du domaine de la chimie des composés explosifs. Bien plus, il y aurait là une évidente pétition de principe. L'assimilation, ai-je dit, *caractérise* les corps vivants par rapport aux corps bruts ; c'est même la seule propriété qui soit commune à *tous* les êtres vivants et à eux seuls. Il est donc bien certain *a priori* que cette propriété sera nouvelle en chimie, puisque la chimie que nous connaissons est celle des corps bruts ; si elle n'était pas nouvelle, elle n'établirait pas un critérium absolu permettant de reconnaître un corps vivant partout et toujours. Or, c'est précisément parce qu'elle est nouvelle que les vitalistes déclarent qu'elle n'est pas du domaine de la chimie. Que voulez-vous qu'on réponde à cela ? Nous savons, de toute éternité, qu'il existe des corps vivants et des corps bruts ; avec quelques précautions nous savons toujours reconnaître qu'un corps donné appartient à l'une ou l'autre des deux catégories ; c'est donc qu'il existe un ou plusieurs caractères permettant de les distinguer ; mais la chimie d'aujourd'hui est la chimie des corps bruts, *donc*, diront les vitalistes, vous ne pourrez pasexpliquer la vie par la chimie, ou bien ce sera par une autre espèce de chimie, c'est-à-dire que vous n'expliquerez rien. Est-ce que la chimie du carbone ou chimie organique est une autre *espèce* de chimie que la chimie inorganique ? La pétition de principe est évidente. Il peut y avoir une chimie de la vie ou biochimie, comme il y a une chimie de l'alcool, une chimie d'un corps quelconque différant de celles des autres corps ; chaque corps a sa chimie propre, ses propriétés personnelles ; mais ce qui constitue la chimie, c'est que ces propriétés personnelles sont inhérentes à une structure moléculaire précise et se retrouvent toujours les mêmes, chaque fois que cette structure moléculaire est réalisée. La question de savoir si la vie élémentaire est une propriété chimique est donc ramenée à celle-ci : Existe-t-il une structure moléculaire capable de permettre l'assimilation, c'est-à-dire une réaction non destructive ? Tant qu'on n'aura pas fait l'analyse complète des substances vivantes, personne n'aura le droit d'affirmer que cette structure existe, mais personne non plus n'aura le droit de le nier *a priori* et de déclarer immédiatement absurde toute tentative d'explication de la vie élémentaire par une structure moléculaire donnée ; d'autant plus qu'il est facile d'imaginer une structure stéréochimique telle que le résultat de la réaction des molécules ainsi constituées avec des corps convenablement choisis, soit une augmentation du nombre de ces molécules et non une destruction.

Toute cette discussion n'est pas oiseuse ; l'objection que j'essaie de combattre a été répétée mille fois et elle prend une apparence de raison d'être dans la définition classique de la chimie, donnée par Regnault et, je crois, conservée religieusement depuis : « La chimie est cette partie des sciences naturelles qui traite des phénomènes qui se passent au contact des corps en tant que ces phénomènes amènent un changement complet dans la constitution de ces corps. »

Félix le Dantec

Autrement dit, en dehors de l'état d'indifférence chimique, la quantité d'un composé défini quelconque est toujours *décroissante*. Or, une bactéridie charbonneuse, dans du bouillon, n'est pas à l'état d'indifférence chimique, *mais elle s'accroît* ; donc, dira-t-on, il y a là autre chose qu'un phénomène chimique. Remarquez bien que la définition de Regnault est destinée à mettre en opposition les phénomènes chimiques avec les phénomènes physiques : « La physique est l'étude des phénomènes qui n'apportent pas de changements permanents dans la nature des corps. » Et il est certain que dans l'idée de l'auteur, tous les phénomènes naturels entraient dans l'une de ces deux catégories. Or, si l'on observe, un instant seulement, une bactérie à l'état de vie élémentaire manifestée, les manifestations de son activité semblent être du domaine de la physique, parce que la nature de la bactéridie ne change pas. Si on l'observe plus longtemps on voit que la bactérie a doublé. Que diriez-vous d'un phénomène physique, électrique par exemple, qui, se manifestant un certain temps dans une barre de fer, aurait produit au bout de ce temps deux barres de fer identiques à la première ?

L'activité d'une bactérie à l'état de vie élémentaire manifestée, n'entre donc dans aucune des catégories distinguées par Regnault. Ce n'est ni un phénomène physique ni un phénomène chimique, donc, diront les vitalistes, c'est un phénomène d'un autre ordre, un phénomène *vital*. Et voilà ! Mais n'est-il pas plus sage de penser que les définitions de Regnault peuvent être trop restreintes, d'autant que les corps vivants, en dehors de la condition spéciale de la vie élémentaire manifestée, se comportent exactement comme les corps de la chimie ordinaire ? Toute difficulté disparaît si l'on définit la chimie : la science des propriétés inhérentes à une structure moléculaire déterminée. Cela change le langage, mais ne peut amener aucune confusion. Ainsi, dans les traités de chimie, on décrit les propriétés *physiques* des composés ; la densité d'un composé est une propriété physique ; or il est évident que la densité est inhérente à la structure moléculaire du corps ; c'est donc une propriété chimique, mais une propriété qui se manifeste sous l'influence d'un agent physique, la pesanteur. L'expression propriété physique serait impropre sans ce surcroît d'explication. Quoi que l'on pense de cette définition de la chimie, il sera toujours facile de dire, à l'intention de ceux qui refusent, pour les raisons précitées, d'accorder que la vie élémentaire est une propriété chimique et l'assimilation une réaction chimique : « La vie élémentaire est une propriété inhérente à la structure moléculaire des substances qui constituent le plastide ; l'assimilation est une réaction qui met en évidence telle particularité de la structure moléculaire des substances qui constituent le plastide. » Alors l'objection tombe d'elle-même ; ce n'est donc qu'une objection basée sur des mots et nous continuerons désormais à employer le mot biochimie pour désigner la science des propriétés et des phénomènes des plastides vivants.

***

La deuxième objection est que les corps vivants sont à l'état d'activité continuelle ; par exemple, ils s'oxydent sans cesse et dégagent sans cesse de l'acide carbonique. Or comment définir chimiquement un corps qui n'est jamais au repos chimique ? Tous les corps de la chimie peuvent être obtenus, pour un temps plus ou moins long, à l'état de repos chimique, et c'est à cet état qu'on les définit ; leurs propriétés les plus personnelles ne se manifestent cependant que par des réactions, c'est-à-dire à l'état d'activité. Cette deuxième objection vient naturellement de l'étude des animaux supérieurs chez lesquels, en effet, la substance vivante est à l'état d'activité continuelle, mais il y a un grand nombre d'organismes inférieurs dont la substance peut être conservée à l'état de repos chimique ; c'est ce qu'on appelle la vie élémentaire latente. On peut conserver dans un bocal, à l'abri des agents destructeurs, des spores de moisissures, tout comme on peut conserver du bromure de potassium ou du sulfate de soude. Il est donc plus facile d'étudier la vie élémentaire chez ces êtres inférieurs, mais même chez les êtres plus élevés en organisation et chez lesquels il n'y a pas de repos chimique, la difficulté n'est pas insurmontable, comme nous allons le voir. Et d'abord, considérons un corps brut à l'état d'activité incessante, le cours d'un torrent, un tourbillon dans un fleuve, par exemple. Ici, jamais de repos, mais néanmoins, déterminisme absolu. Autrement dit, si nous supposons connus, à un moment précis, tous les éléments du tourbillon (état chimique, vitesse de chaque molécule, température, etc.) nous pouvons prévoir mathématiquement quel sera l'état réalisé un instant après ; dans cet exemple nous sommes sûrs que seules des forces physiques et chimiques interviennent ; mais dans l'étude d'un plastide à l'état de vie élémentaire manifestée, nous trouvons une simplification considérable des choses et non une complication plus grande.

Pour nous en tenir à notre comparaison de tout à l'heure, imaginons un tourbillon se produisant sans cesse dans des conditions constantes ; il sera toujours identique à lui-même et nous pourrons, malgré son état d'activité continuelle, malgré le renouvellement continuel de la substance qui le constitue, le décrire, le définir complètement. Il y aura là en quelque sorte un état statique résultant d'un état dynamique dont les conditions ne changent pas ; ce sera l'*équilibre mobile* par lequel M. Van Tieghem définit les protoplasmas à l'état de vie élémentaire manifestée. Or, c'est précisément au nom de cet équilibre mobile que l'on refuse aux protoplasmas vivants la qualité de composés chimiques. Voici par exemple ce que dit M. Ed. Perrier dans son récent Traité de zoologie, au paragraphe intitulé : *Les protoplasmes vivants ne sont pas des composés chimiques*. « On ne saurait attribuer cette même qualité de *composés chimiques* aux protoplasmas vivants. Effectivement, si au moment où les saisit l'analyse chimique, elle leur trouve une constitution analogue à celle d'un mélange de substances albuminoïdes, cet état fixe ne se manifeste qu'à l'instant où cesse la vie, à l'instant où les protoplasmes cessent par conséquent de mériter leur nom pour tomber dans le domaine commun des composés chimiques. Jusque-là ils manifestent au contraire une incessante activité qui s'oppose à ce qu'on puisse leur assigner une composition chimique constante. » Mais connaissez-vous un composé chimique défini qui, au moment même où vous le soumettez à des réactions analytiques mettant en évidence ses propriétés personnelles, *ne se détruise pas en tant que composé défini* ? Vous avez pu le conserver dans un bocal étiqueté et vous savez ainsi ce que c'est si vous en avez analysé une petite quantité, mais vous ne pouvez mettre ses propriétés en évidence qu'en le détruisant. Si, au lieu d'un bocal contenant un corps brut, vous considérez un bouillon contenant des bactéridies charbonneuses, qu'y a-t-il de changé ? Vous prélevez une prise de ces bactéridies et vous l'étudiez par des réactions destructives. Que la chimie ne soit pas encore en état de découvrir par ces réactions destructives la structure moléculaire des substances bactéridiennes, cela prouve simplement que la chimie

QUATRIÈME PARTIE

a encore des progrès à faire, mais cela n'empêchera pas qu'il reste dans votre bouillon des bactéridies identiques à celles que vous aurez analysées ; seulement, la quantité de ces bactéridies, au lieu de rester fixe comme celle du corps brut de votre local, augmentera sans cesse sous l'influence de l'assimilation, c'est-à-dire que vous aurez affaire à une quantité *croissante* d'une substance chimique définie, au lieu d'en avoir une quantité limitée. Les substances vivantes nous apparaissent donc comme des composés chimiques qui, outre les réactions destructives ordinaires, communes à tous les corps connus, sont susceptibles de réactions constructives dans des conditions déterminées ; ce sont ces réactions constructives, communes à toutes les substances vivantes, qui permettent précisément de les distinguer des corps bruts, ce sont ces réactions constructives qui manifestent leur propriété chimique commune de *vie élémentaire*, aussi donne-t-on à l'ensemble de ces réactions constructives le nom de *vie élémentaire manifestée*. Mais cela n'empêche pas les mêmes substances vivantes d'être susceptibles, dans d'autres conditions, de réactions destructives ou analytiques. Voici deux alcools, l'alcool méthylique et l'alcool éthylique. Ces deux corps ont en commun la fonction alcool que je puis mettre en évidence par une même réaction transformant chacun d'eux dans l'aldéhyde correspondante ; cette même réaction se retrouvera dans tous les alcools primaires et mettra en évidence une particularité commune de leur structure atomique, particularité qui est précisément la *fonction alcool*. Voici de même une bactéridie charbonneuse et un bacillus coli qui ont en commun la fonction *vie élémentaire*. Je mettrai cette fonction en évidence en les mettant l'un ou l'autre dans un bouillon convenable où ils se *multiplieront* ; cette même réaction constructive caractérisera tous les plastides vivants et mettra en évidence une particularité de leur structure atomique, particularité qui est précisément la fonction *vie élémentaire*. Dans les deux cas que je viens d'examiner, il y a donc des réactions susceptibles de mettre en relief le caractère *commun* des alcools d'une part, des plastides vivants d'autre part ; mais il y a aussi, dans ces deux cas, des réactions *différentielles* capables de faire distinguer l'un de l'autre tous les corps appartenant à l'un ou à l'autre de ces groupes chimiques, de montrer par exemple que tel alcool est *éthylique*, tel autre *méthylique* ou, de même, que tel plastide est une bactéridie charbonneuse, tel autre une levure de bière. Pour les plastides en particulier, il est extrêmement intéressant de constater que les réactions mêmes, qui mettent en évidence leur caractère *commun* de vie élémentaire, sont en même temps *différentielles* et permettent de reconnaître l'*espèce* du plastide considéré. En effet, dans les circonstances très spéciales où a lieu l'assimilation, c'est-à-dire à l'état de vie élémentaire manifestée, chaque plastide a une forme caractéristique que l'on appelle sa *forme spécifique* et qui résulte des conditions mécaniques réalisées par les réactions mêmes de l'assimilation. Eh bien ! cette *forme spécifique* est étroitement liée à la composition chimique des plastides, de sorte que les *espèces*, décrites en histoire naturelle d'après la *forme spécifique*, se trouvent, par là même, définies *chimiquement*. Il peut paraître extraordinaire que je parle d'un rapport établi entre la forme spécifique et la composition chimique des plastides, après avoir avoué que, dans l'état actuel de la science, la chimie ne sait pas encore analyser les substances vivantes. Aussi est-ce indirectement que j'ai essayé de démontrer l'existence de ce rapport (*Revue philosophique*, 1895), comme conclusion des expériences de mérotomie, en faisant ressortir ce fait que : toutes les fois que les réactions accessoires n'ont pas changé, toutes les fois, par conséquent, que les propriétés, la composition chimique des protoplasmas sont restées constantes, la forme spécifique est conservée, ou même, récupérée si l'expérience l'avait détruite. Au contraire, quand la composition chimique a changé, la forme spécifique n'est pas récupérée, il n'y a pas régénération.

Ce parallélisme entre la forme spécifique et la composition chimique des plastides est indispensable à la construction d'une théorie biochimique.

CHAPITRE XVI

LA DÉFINITION CHIMIQUE DE L'HÉRÉDITÉ

Un observateur, imbu des principes de la méthode chimique est donc amené, chaque fois qu'il constate qu'un corps peut être défini par des propriétés, des réactions, au point d'être reconnu partout et toujours, à penser que ce corps est un composé chimique défini ou *un assemblage défini de composés chimiques définis*. Or n'est-ce pas précisément le cas des objets que l'on appelle en histoire naturelle *êtres d'une même espèce* ? Nous distinguons partout et toujours de la levure de bière à la propriété qu'a ce corps, 1° d'avoir une forme spécifique caractéristique, 2° de donner de la bière en réagissant avec du moût.

L'hétérogénéité évidente de la structure des plastides nous amène à y voir, non pas des composés définis, mais des assemblages définis de composés définis et cette notion nous conduit immédiatement à celle des différences individuelles qui existent entre les corps d'une même espèce. Voici deux œufs de poule qui nous semblent identiques ; le réactif très sensible qu'est notre organe du goût ne nous permet pas de reconnaître entre leurs substances respectives des différences appréciables ; si nous les soumettons, dans les mêmes conditions, à une même réaction destructive (fermentation, putréfaction) nous obtenons les mêmes produits de décomposition, et cependant, si nous les plaçons tous deux dans une couveuse artificielle, nous obtenons, au bout de 21 jours, sous l'influence de l'aération à une température convenable, deux poussins *différents* ; celui-ci aura le bec plus long, l'œil plus ouvert, le pigment plus abondant... En un mot, il y aura entre les deux poussins des différences *quantitatives*. C'est donc une chose bien naturelle que d'admettre l'existence de différences analogues entre les deux œufs d'où ils proviennent.

La notion des différences *quantitatives* entre les plastides de même espèce résulte d'ailleurs, le plus simplement du monde, de la connaissance précédemment acquise de ce fait que les substances vivantes sont susceptibles de deux sortes de réactions, les réactions constructives ou assimilatrices et les réactions destructives ou analytiques. Je n'insiste pas ici sur les conséquences de ce fait ; je les ai développées longuement dans un livre de la Bibliothèque scientifique internationale (Évolution individuelle et hérédité. Théorie de la variation quantitative).

Wilhem Roux avait déjà en 1881 énoncé quelque chose d'analogue à ce principe de la variation quantitative amenant la différenciation histologique, mais, d'une part, il considérait que dans chaque élément différencié il n'y a plus qu'une substance fortement prédominante, d'autre part, il faisait intervenir comme agent de différenciation des *excitations fonctionnelles* mystérieuses que j'ai discutées dans un article de la *Revue philosophique* (mars 1896). J'ai essayé de substituer à ces agents mystérieux le principe purement chimique de l'assimilation fonctionnelle qui résulte très naturellement de l'application raisonnée de la sélection naturelle aux éléments histologiques soumis à des alternatives de conditions n° 1 et de conditions n° 2. Ce n'est pas le lieu,[1] dans un chapitre consacré à la théorie de l'hérédité, de discuter ces questions qui sont du ressort de l'évolution individuelle.

Wilhem Roux, sans donner une théorie chimique complète de l'hérédité, a montré dans quelle voie il fallait chercher. Dans son ardeur à lutter contre le système des particules représentatives, il a restreint le domaine de l'hérédité et a dépassé la limite. M. Delage qui l'a suivi dans la même voie a été encore plus loin et a fini, à peu de chose près, par nier l'hérédité pour l'expliquer. J'emprunte à ce dernier auteur quelques citations, tant de ses propres manières de voir que de son exposé de celles de Roux ; je veux essayer de montrer que la signification du mot hérédité se trouve faussée en plusieurs endroits et nécessite une nouvelle définition plus rigoureuse.

« L'action morphogène des excitations fonctionnelles, dit Delage en exposant la théorie de Roux, soulage l'hérédité d'une multitude de faits que l'on n'expliquait que par elle. Ainsi, la structure du tissu spongieux des os, celle des aponévroses et des ligaments, résultant directement des actions mécaniques,*n'ont pas besoin d'être héréditaires pour se retrouver semblables chez l'enfant comme chez les parents.* » Et plus loin : « Il n'y a rien à objecter à toute cette partie de la théorie où Roux démontre l'existence des forces évolutives de l'organisme, l'importance de leur rôle dans la formation des organes. Les exemples du *pied bot*, des pseudarthroses, de l'orientation des trabécules dans le tissu spongieux du cal oblique et celui du placenta extra-utérin, auxquels on peut ajouter celui de la striation des ailes des mouches cité par Eimer, prouvent péremptoirement que l'organisme peut, *sans le secours de l'hérédité*, faire du cartilage, des ligaments, des surfaces articulaires, disposer des parties et modeler leur forme en vue d'un fonctionnement aussi avantageux que possible. »

---

1 Voir la première partie de ce volume.

QUATRIÈME PARTIE

Comment une chose peut-elle se faire dans un organisme *sans le secours de l'hérédité* ? J'avoue que je ne le comprends pas. Telle pression, exercée longtemps dans le même sens, détermine l'orientation des trabécules osseuses dans un veau. Produirait-elle le même résultat dans un escargot ? Évidemment non. Et qu'est-ce, sinon l'hérédité, qui fait que le veau a la propriété de réagir comme un veau et l'escargot comme un escargot ? Et peut-on dire raisonnablement qu'une particularité *n'a pas besoin d'être héréditaire pour se retrouver semblable chez l'enfant comme chez les parents* ? On a employé le mot hérédité pour exprimer le fait que le fils ressemble morphologiquement au père, mais le même mot exprime en même temps, forcément, que le fils réagit de la même manière que le père dans les mêmes conditions. Si une pseudarthrose se produit chez le fils à la suite d'un traumatisme, elle se serait produite de la même manière chez le père à la suite du même traumatisme, et *d'une manière différente* chez un animal d'une autre espèce ou même chez un autre animal de la même espèce, non apparenté au premier. Autrement dit, l'hérédité exprime la ressemblance, non seulement des caractères morphologiques du père et du fils, mais encore des *propriétés individuelles* qui ont donné naissance à ces caractères communs dans des conditions communes, et qui auraient pu donner des caractères différents dans des conditions différentes. Si le fils se démet l'humérus, il pourra se former chez lui une pseudarthrose qui n'existait pas chez le père, *mais cette pseudarthrose se serait formée chez le père dans les mêmes conditions* ; elle se serait formée d'une manière différente chez un animal différent. Rien ne se fait dans un organisme sans le secours de l'hérédité ; l'hérédité est la transmission des propriétés et non des réactions morphogéniques ou autres qui manifestent ces propriétés dans telle ou telle condition.

Il me semble que la meilleure définition de l'hérédité est la suivante : *l'hérédité est l'ensemble des propriétés de l'œuf.* Ces propriétés se manifestent par des réactions qui dépendent des conditions de milieu et se transmettent aux diverses cellules de l'organisme avec des modifications qui dépendent aussi des conditions de milieu, mais qui, dans tous les cas, ne sont que *quantitatives.* Au point de vue spécifique *au moins*, la même hérédité se retrouve dans toutes les cellules de l'organisme, et il est invraisemblable de dire, qu'en un point quelconque du corps, un phénomène quelconque se passe-*sans le secours de l'hérédité*, c'est-à-dire qu'une réaction se produit, indépendamment des *propriétés* des éléments dans lesquels elle se produit.

Considéré à un moment quelconque de son existence, l'individu est le produit de l'hérédité et de l'éducation, éducation étant pris dans le sens très général de *l'ensemble des conditions que l'organisme a traversées depuis qu'il était œuf*. Or, la manière dont un organisme réagit à un moment donné à une excitation donnée dépend évidemment de l'*état* de l'organisme à ce moment précis ; mais l'état de l'organisme au moment considéré étant le produit de l'hérédité et de l'éducation, ce que vous faites aujourd'hui dépend évidemment, non seulement des conditions dans lesquelles vous vous trouvez, mais de toutes les conditions que vous avez traversées depuis l'œuf, *de tout ce que vous avez fait* depuis le moment de votre conception. Il n'est pas inutile d'insister sur ce fait et de l'exprimer de plusieurs manières.

L'organisme vivant est dans un état dynamique constant. À chaque moment précis, il a des propriétés précises ; ces propriétés se *manifestent* par des réactions qui dépendent des conditions extérieures. Une minute après, il a d'autres propriétés précises qui dépendent : 1° des propriétés qu'il avait une minute avant, 2° de la manière dont ces propriétés se sont manifestées pendant la minute considérée, c'est-à-dire de l'ensemble des conditions extérieures que l'organisme a trouvées pendant cette minute. Autrement dit, la vie d'un organisme est une succession d'*états* tels que chaque état dépend uniquement de l'état précédent et des circonstances qu'il a traversées dans l'intervalle des deux états.

Le premier *état* de l'organisme est l'œuf, avec toutes ses propriétés personnelles, c'est-à-dire avec son hérédité ; cet état se transforme successivement dans tous les états ultérieurs sous l'influence des conditions de milieu et *domine* par conséquent tous les états ultérieurs dans lesquels rien ne saurait être considéré comme indépendant de l'hérédité. L'état de l'organisme, l'ensemble des propriétés de l'organisme à un moment considéré, est donc, je le répète, le résultat précis de l'hérédité et de l'éducation. Deux êtres qui ont même hérédité (œufs jumeaux) peuvent différer par l'éducation ; cassez le bras à l'un des jumeaux, il sera manchot et différera par cela même de son frère. Deux êtres qui ont même éducation peuvent différer par l'hérédité ; un œuf de poulet et un œuf de canard élevés dans une même couveuse artificielle donneront l'un un poussin, l'autre un caneton. Tout ceci fait prévoir qu'il sera à peu près impossible que deux êtres soient identiques et, d'autre part, les ressemblances qui existeront entre deux êtres pourront être de deux natures opposées : 1° ressemblances héréditaires, dues à des analogies considérables dans l'hérédité, et se manifestant en dépit des différences d'éducation ; exemple, deux hommes de race blonde, élevés l'un en France, l'autre en Angleterre, se ressembleront par leur caractère héréditaire blond et différeront par le langage qu'ils parleront ; 2° ressemblances de convergence dues à des analogies considérables dans l'éducation et se manifestant en dépit de différences d'hérédité ; exemple, un blond et un brun tous deux élevés en Angleterre, se ressembleront par leur langage, mais différeront, par la couleur de leurs cheveux. Suivant le point de vue auquel on se place on est amené à attacher plus d'importance aux ressemblances d'hérédité ou aux ressemblances de convergence. Le problème le plus passionnant de l'hérédité est d'étudier la limite des divergences possibles entre deux êtres ayant la même hérédité, c'est-à-dire d'établir les ressemblances *fatales*, sous peine de mort, entre deux êtres ayant la même hérédité.

Cette question se décompose en deux questions différentes : 1° Quelles sont les divergences possibles dans l'évolution individuelle de deux êtres ayant même hérédité ? 2° Comment deux êtres peuvent-ils avoir même hérédité ? et dans cette dernière question il y a deux parties : (a) transmission des caractères acquis ; (b) fécondation ou amphimixie.

CHAPITRE XVII
ÉVOLUTION CHIMIQUE DE L'INDIVIDU

Nous venons de voir qu'il y a deux facteurs dans l'évolution individuelle : hérédité et éducation ou, si vous préférez : *propriétés* du corps à un moment donné et *manière* dont se manifestent ces propriétés sous l'influence des conditions extérieures. Si les conditions changent, les réactions manifestant les propriétés changent et, par suite, l'*état* du corps au moment suivant est changé. On doit donc considérer *a priori* ces deux facteurs de l'évolution comme ayant une égale importance et se dire que les divergences les plus considérables peuvent se produire entre deux êtres ayant même hérédité s'ils se développent dans des conditions très différentes. Mais c'est là une erreur car, en réalité, à chaque instant de son existence, l'organisme est condamné *sous peine de mort* à exécuter certains actes, les plus importants au point de vue de son évolution et qui ne peuvent différer que très peu d'un organisme à l'autre.

Voici par exemple deux enfants ; il faut qu'ils respirent, ce qui exige la présence d'une atmosphère oxygénée ; si nous voulons établir une divergence entre ces deux enfants en fournissant à l'un de l'oxygène, à l'autre du chlore, nous en tuerons un. Il faut qu'ils mangent. Les aliments peuvent être différents, mais ils ne diffèrent jamais beaucoup, malgré l'apparence contraire. Si vous nourrissez l'un avec du lait, l'autre avec du sable, vous tuerez le second. Il faut donc un certain parallélisme d'évolution *sous peine de mort*.

Cette expression *sous peine de mort* n'est pas chimique et demande quelques mots d'explication. Il est bien évident en effet que l'*évolution*, au sens large du mot, continuera aussi bien chez l'enfant nourri avec du sable, mais ce sera une évolution destructive, à la condition n° 2, et alors, en effet, les divergences seront de plus en plus grandes entre les deux enfants considérés et *n'auront pas de limites*. En nous reportant au cas plus simple de deux plastides isolés de même espèce, nous constatons que ces plastides ou leurs descendants ne restent comparables que dans les conditions spéciales de l'assimilation. À la condition n° 2, les deux plastides considérés, soumis à des réactions destructives différentes, peuvent donner des résultats *aussi différents qu'on le voudra*.

Eh bien, lorsqu'on étudie les êtres plus complexes, on retrouve une différence de condition analogue à celle qui sépare la condition n° 1 de la condition n° 2 pour les plastides ; ici les deux conditions sont : la vie et la mort.

Les évolutions de deux êtres de même espèce ne restent comparables que s'ils restent vivants ; une fois qu'ils sont morts les plus grandes différences peuvent intervenir, il y a tous les passages de la momie conservée intacte jusqu'au tas de pourriture informe qui devient de la terre végétale. Mais qu'est-ce qu'un organisme vivant ? J'ai déjà essayé ailleurs de définir la vie et je ne veux pas m'étendre de nouveau sur ce sujet ; qu'il suffise de savoir qu'à un moment quelconque de son existence, l'organisme vivant est une agglomération de plastides, coordonnés de telle manière que leur coordination rend possible le *renouvellement du milieu intérieur* de l'individu, c'est-à-dire l'introduction d'aliments et l'expulsion de matières excrémentitielles. Ce renouvellement du milieu intérieur est un phénomène si essentiel que l'on peut dire qu'il constitue la vie elle-même ; s'il est supprimé ou suspendu assez longtemps, *tous* les éléments anatomiques se détruisent et la mort générale de l'être résulte des morts élémentaires des parties. Nous ne pouvons comparer entre eux que deux êtres *vivants*, en train de vivre, et non un être vivant et un être mort. Si donc, nous avons constaté à un moment donné certaines ressemblances entre deux individus vivants, nous ne pourrons continuer notre comparaison que si ces deux individus continuent de vivre. Or, pour continuer de vivre, ces deux individus analogues sont obligés de renouveler leur milieu intérieur, ce qui, au milieu de plusieurs actes personnels *différents*, les force à exécuter au moins certains actes analogues, savoir, précisément, ceux qui déterminent le renouvellement du milieu.

De deux enfants qui se ressemblent, l'un pourra apprendre le français et l'autre l'anglais, mais s'ils restent vivants il faudra que tous deux respirent, mangent, boivent, urinent, suent, etc.

Il est bien évident que cette nécessité commune du renouvellement du milieu intérieur *limite les divergences* que peut introduire l'éducation dans l'évolution de deux individus analogues et conserve une similitude très grande entre les organes dont le fonctionnement est uniquement destiné à assurer l'une des opérations du renouvellement.

Bien plus, pour que l'individu *continue de vivre*, il ne faut pas seulement que le milieu intérieur soit renouvelé, il faut encore que les modifications résultant, pour l'organisme, des fonctionnements qui ont assuré ce renouvellement (assimilation fonctionnelle), ne détruisent pas l'heureux équilibre préexistant, la *coordination* grâce à laquelle le renouvellement était possible, et ceci est vrai aussi bien pour tout acte de la vie n'intéressant pas directement le renouvellement du milieu intérieur. Il y a là une nouvelle limite à la divergence possible entre deux individus analogues ; il faut que les taux de fonctionnement des organes analogues soient analogues, ou tout au moins, ne soient pas assez notablement différents pour que l'exagération de l'un d'eux devienne nuisible à la coordination générale (balancement organique, hypertrophie, surmenage, etc.).

Les quelques considérations précédentes suffisent à expliquer le parallélisme approximatif qui existe obligatoirement entre les évolutions de deux individus analogues, tant qu'ils continuent de vivre, quelque différentes que soient les conditions dans lesquelles ils vivent ; mais cela n'exclut pas certaines divergences que l'on constate tous les jours ; de deux jumeaux, si l'un est facteur rural et l'autre forgeron, le premier aura les mollets, le second les biceps plus développés, mais ils auront tous deux un foie, un cœur, un estomac analogues avec, dans ces viscères mêmes, certaines différences quantitatives provenant du régime alimentaire de chacun d'eux.

Ce parallélisme approximatif existera dès le début de la vie, à partir de l'œuf fécondé et les divergences qui interviendront dans l'évolution de deux êtres analogues seront d'autant moindres que les conditions extérieures de l'évolution seront plus semblables. Entre deux œufs de poule, pendant la période d'incubation, il se produira des divergences extrêmement minimes, sauf dans des cas tératologiques extrêmes, et si deux œufs sont élevés dans une même couveuse on sera en droit de considérer comme uniquement héréditaires les différences qui existeront entre les deux poussins à l'éclosion. Mais, à l'éclosion, les deux poussins sont déjà des organismes très complexes ; leur évolution ultérieure sera donc soumise à des nécessités de fonctionnement qui restreindront les divergences possibles, comme nous l'avons vu plus haut, de telle sorte que deux poulets, qui ont même hérédité, n'arriveront jamais à être bien différents à l'état adulte. On peut dire la même chose de deux êtres quelconques appartenant à une catégorie d'animaux qui éclosent à un stade avancé de leur évolution.

Mais, remarquons que seuls les animaux à éclosion tardive ont un mécanisme assez compliqué, assez perfectionné pour pouvoir se plier, s'adapter sans mourir à des conditions de vie très différentes, *tirer parti* de circonstances nouvelles, etc. Par cela même que leur mécanisme est perfectionné (animaux supérieurs) et qu'ils *peuvent vivre* dans des conditions très variées, leur mécanisme est en même temps très précis et ils sont obligés d'effectuer un grand nombre d'actes, toujours les mêmes pour chaque espèce, pour *entretenir* ce mécanisme, précis comme nous l'avons vu plus haut. Ici donc, la précision du mécanisme limite les divergences possibles dans l'évolution, en nécessitant l'exécution d'actes analogues chez tous les êtres d'une espèce, dans les conditions les plus variées de milieu.

Chez les êtres inférieurs au contraire, la complication du mécanisme à l'éclosion est presque nulle et il semble par conséquent que les divergences les plus considérables vont pouvoir se produire. Pas le moins du monde, car si le mécanisme est peu compliqué, il est en même temps peu perfectionné et*incapable de s'adapter* à des conditions de milieu un peu variées. La vie ne pourra donc se poursuivre que dans des circonstances bien déterminées, en dehors desquelles l'animal mourra. Chez ces êtres, le parallélisme de l'évolution de deux individus analogues résultera de la nécessité d'un milieu commun et non plus de la nécessité d'actes communs dans des milieux différents.

Entre ces deux cas extrêmes d'un animal très élevé en organisation, comme le poulet, et d'un animal à coordination presque nulle, comme l'oursin ou l'hydre, il y a des foules de cas intermédiaires et l'on peut dire d'une manière générale que : 1° plus l'organisme est simple, plus il est astreint à vivre dans des conditions précises de milieu ; 2° plus l'organisme est perfectionné, plus il est capable de s'adapter à des conditions nouvelles, mais plus il est astreint aussi à certaines exigences de fonctionnement pour entretenir son mécanisme. Dans les deux cas, par conséquent, les divergences évolutives sont limitées, soit par la précision des conditions nécessaires de milieu, soit par la précision du fonctionnement destiné à entretenir la coordination dans des milieux variés.

Il est donc bien facile de comprendre, *dans tous les cas*, que deux œufs, ayant même composition, c'est-à-dire, au sens que nous avons défini précédemment, *même hérédité*, donneront naissance à des êtres ayant des évolutions individuelles *peu divergentes* et arrivant à se ressembler à l'état adulte s'ils ne meurent pas avant.

Félix le Dantec

CHAPITRE XVIII
RÉSUMÉ DU PROBLÈME BIOCHIMIQUE

Il me semble que toutes les difficultés disparaissent lorsque, entrant franchement dans le domaine des explications purement chimiques, on considère que toutes les propriétés des cellules tiennent uniquement à la *qualité* de leurs substances plastiques constitutives et à la *quantité* de chacune de ces substances intervenant dans la constitution de la cellule considérée. Nous avons été amenés précédemment à considérer comme formées des *mêmes* substances chimiques tous les plastides d'une même espèce ; les différences individuelles entre plastides de même espèce sont donc uniquement *quantitatives* ; les variations qui se produisent dans l'intérieur d'une espèce, sans franchir les bornes de l'espèce, sont uniquement *quantitatives*. Ce qui définit les caractères particuliers d'un plastide donné d'une espèce donnée ce sont les *quantités* respectives de substances plastiques qui le composent, ou, si vous voulez, pour employer une expression mathématique commode, les *cœfficients* quantitatifs de ce plastide.

Deux plastides composés des mêmes substances a, b, c, d, e, f, seront différents, si l'un a pour coefficients 2, 1, 3, 7, 4, 6, et l'autre 3, 5, 2, 1, 8, 4. Bien plus, étant donnée l'espèce à l'avance, on connaît la nature des substances a, b, c, d, e, f. Il suffit donc pour définir un plastide d'une espèce donnée, de préciser ses coefficients 2, 1, 3, 7, 4, 6. Cette liste de nombres précise *tous les caractères* du plastide considéré. Les caractères individuels sont tous inclus dans la liste des coefficients. Deux plastides qui ont mêmes coefficients sont *identiques* ; deux plastides qui diffèrent par un coefficient sont différents.

Et il faut remarquer immédiatement que ce qui importe dans la détermination des caractères des plastides, c'est non pas la valeur absolue des coefficients, mais leur rapport de proportionnalité. Un mélange d'une partie d'eau et de deux parties d'alcool aura les mêmes propriétés, que vous en preniez un litre ou cinq litres. Il en sera évidemment de même pour les plastides ; à la condition d'assimilation ou condition n° 1, le plastide augmente en restant semblable à lui-même, puisqu'il donne par bipartitions successives des plastides ayant tous exactement les mêmes caractères. Ce qui reste constant, dans un plastide à la condition n° 1, c'est donc le rapport de proportionnalité existant entre les coefficients et non la valeur absolue de ces coefficients eux-mêmes ; autrement dit, on ne change pas les caractères d'un plastide en multipliant tous ses cœfficients par un même nombre.

**

Cette simple remarque conduit immédiatement à une conclusion intéressante. Quand il s'agit de produits chimiques nettement définis, comme le sont les substances plastiques spécifiques a, b, c, d, e, f, la question de la *provenance* des substances employées pour faire un mélange donné ne peut avoir aucune influence sur les propriétés du mélange. Quand un médecin formule une potion, il sait que cette potion aura les propriétés sur lesquelles il compte pour la guérison du malade, quel que soit le pharmacien qui exécute l'ordonnance, quels que soient les bocaux d'où seront extraits les produits chimiquement purs qui doivent entrer dans la potion.

Toutes les substances plastiques spécifiques étant rigoureusement les mêmes dans tous les plastides d'une même espèce, les propriétés d'un plastide donné résultent uniquement des proportions quantitatives des substances qui entrent dans sa constitution et non de la *provenance* de ces substances ; autrement dit, étant donné, par exemple, un œuf parthénogénétique d'abeille d'une race **A**, si l'on peut réaliser, par un processus quelconque, la substitution, à l'une de ses substances plastiques *a*, de la même quantité de la même substance *a* empruntée à une autre abeille d'une autre race **B** de la même espèce, l'œuf n'aura *aucunement* changé et donnera une abeille de race pure **A**. Autrement dit, ce qui fait les ressemblances inhérentes aux liens de parenté, c'est, non pas, comme on le croit généralement, l'origine commune des substances constitutives des individus cousins mais, uniquement, l'analogie de certains rapports numériques dans la constitution des plastides de ces individus. Ce qui fait l'hérédité, ce n'est pas le moins du monde la continuité de substance du parent à l'enfant, mais la similitude des coefficients de l'œuf père et de l'œuf fils. On pourrait supposer fabriqué, avec de la substance empruntée à d'autres individus de même espèce que le père, un œuf identique à l'œuf père et qui donnerait un individu identique à lui ; on pourrait au contraire supposer fabriqué avec de la substance du père un œuf ayant des coefficients différents de ceux du père et qui donnerait un enfant n'ayant avec le père aucune analogie. On ne saurait trop insister sur ces considérations, car elles sont en désaccord absolu avec l'opinion courante. Voici encore une manière saisissante d'exprimer le fait sur lequel je veux attirer l'attention :

Supposons, hypothèse tout à fait gratuite mais pas invraisemblable néanmoins, qu'un être donné A ait la propriété, dans certaines conditions précises et par je ne sais quel mécanisme de corrélation, d'exercer une influence modificatrice sur un plastide de même espèce mais d'origine étrangère, au point de donner à ce plastide, par des destructions partielles de substances, exactement les coefficients de l'œuf duquel lui-même A provenait. Ce plastide, ainsi modifié, sera rigoureusement le fils de A bien que n'ayant aucune parcelle de sa substance et lui ressemblera absolument. Je le répète, on ne changerait rien aux propriétés d'un œuf, en substituant à toutes ses substances plastiques, les mêmes quantités des mêmes substances empruntées à d'autres individus de la même espèce ; cela, il est vrai, nous ne savons pas le faire, mais en réfléchissant un instant au phénomène même de l'assimilation, nous constatons avec la plus grande évidence, qu'il y a, au cours du développement, une rénovation moléculaire continue de la substance de l'œuf, *de sorte qu'au bout de très peu de temps, il est fort probable qu'il n'y a plus dans l'enfant aucune molécule de la substance du parent.* La transmission de substance n'a rien à voir dans l'hérédité, en dehors des caractères purement spécifiques, communs à tous les êtres d'une même espèce et qui sont les caractères *qualitatifs*. L'hérédité individuelle, l'hérédité des caractères personnels des parents est uniquement *la transmission des coefficients numériques*. Le problème de la ressemblance entre parents se ramène donc à celui-ci : Pourquoi, dans les conditions normales, des êtres provenus des mêmes parents ont-ils des coefficients quantitatifs semblables ou analogues ?

J'ai longuement étudié la question dans un livre récent.[1] Je n'y reviens donc pas. La question des caractères acquis est d'ailleurs bien plus délicate que celle des caractères congénitaux et je veux montrer comment se pose ce problème avec le langage des coefficients

---

1 Évolution individuelle et hérédité, *op. cit.*

quantitatifs : normalement, dans les conditions où une espèce ne varie pas, dans un milieu auquel l'espèce est complètement adaptée, il y a hérédité des caractères congénitaux, c'est-à-dire que les coefficients de l'œuf initial se retrouvent sans changement dans les coefficients des cellules sexuelles de l'être qui provient de cet œuf. Il n'en est plus de même dans un milieu auquel l'espèce considérée n'est pas adaptée ; l'être adulte, en luttant contre des conditions nouvelles d'existence, *acquiert des caractères nouveaux*. Il faut bien s'entendre sur la définition de cette expression : *caractères acquis*. Naturellement, il y a toujours des différences entre deux êtres ayant même hérédité, dès que les moindres divergences se sont produites dans l'éducation de ces deux êtres, et croire que toutes ces différences vont devenir héréditaires serait nier l'hérédité même dans ce qu'elle a de plus important. On ne doit considérer, parmi les caractères nouveaux, comme caractères réellement acquis, que ceux qui ne tiennent pas passagèrement à l'action passagère du milieu, mais persistent même après qu'ont disparu les circonstances qui les ont fait naître. Je n'ai pas la prétention d'expliquer en quelques lignes le mécanisme de l'hérédité des caractères acquis, mais je puis en donner une idée assez facilement dans le langage des coefficients quantitatifs. Ainsi que je l'ai montré ailleurs,[1] il y a des caractères quantitatifs communs à *tous* les éléments histologiques d'un être supérieur, quelque différenciés que soient ces éléments ; ces caractères quantitatifs communs, ces coefficients que n'a pas touchés la variation quantitative au cours de l'évolution individuelle, sont les *caractères individuels*. Eh bien, j'appelle caractère nouveau, caractère acquis, un caractère de l'adulte, caractère morphologique ou physiologique ou psychologique, *un caractère qui est incompatible avec l'existence de ces coefficients quantitatifs communs à tout l'organisme*.

De deux choses l'une : ou bien il existe une nouvelle combinaison de coefficients compatible avec le nouveau caractère et alors, le jeu de la sélection naturelle s'exerçant entre les éléments des tissus arrivera, comme je l'ai montré dans l'*Évolution individuelle*, à modifier à la longue *tous* les éléments histologiques de manière à leur donner cette nouvelle combinaison de coefficients ; il n'y aura plus antagonisme entre le caractère nouveau et les propriétés

---

1 Évolution individuelle et hérédité, *op. cit.*

quantitatives des éléments ; le caractère *nouveau* sera réellemen-tacquis et il sera par là même *héréditaire*, puisqu'il sera maintenant laconséquence de la combinaison de coefficients qu'il a primitive-ment contribué à produire.

Ou bien, il n'existe pas de combinaison de coefficients compatible avec le caractère nouveau considéré. Alors ce caractère nouveau ne se maintiendra que sous l'influence toujours agissante du milieu ; il ne sera pas acquis ; il disparaîtra dès que le milieu cessera d'agir dans le même sens ; il ne sera pas héréditaire.

Voici un exemple très grossier, qui fera bien comprendre ma pen-sée :

Je considère un plastide a b c d e f qui est sphérique dans les conditions ordinaires. Je suppose que ce plastide se trouve dans des conditions de pression telles qu'il devienne cubique et que cela dure longtemps. Il y auraantagonisme entre la forme obligatoire du plastide dans les conditions de milieu considérées et la forme d'équilibre spécifique qu'il aurait naturellement sans ces pressions malencontreuses. Cet antagonisme, cette lutte pourra être nuisible à notre plastide au point de détruire partiellement quelques-unes de ses substances plastiques ; donc, *variation quantitative* dont la sélection naturelle tirera naturellement profit.

De deux choses l'une : ou bien, parmi les diverses combinaisons de coefficients, il y en a une qui correspond à la forme d'équilibre cubique, et alors, cette combinaison, si elle se réalise au cours de la destruction, se conservera immédiatement étant adaptée aux conditions extérieures ; nous aurons obtenu une nouvelle race cu-bique de l'espèce plastidaire considérée ; cette forme cubique se conservera ensuite, même si les conditions de milieu ne la rendent plus mécaniquement nécessaire ; le caractère cubique sera *acqui-set héréditaire*.

Ou bien, parmi les diverses combinaisons de coefficients, il n'y en a aucune qui corresponde à une forme d'équilibre cubique. Alors, l'antagonisme persistera entre la tendance naturelle du plastide à récupérer sa forme d'équilibre sphérique et la tendance du milieu à lui donner mécaniquement la forme cubique. Dès que les pres-sions disparaîtront, le plastide redeviendra sphérique ; le caractère cubique n'aura pas été *acquis*, ne sera pas héréditaire. Ces quelques considérations suffisent à faire comprendre le problème de l'hérédité des caractères acquis, envisagé au point de vue purement chimique des coefficients quantitatifs des plastides.

Quant au problème de l'amphimixie, je l'ai traité, à ce même point de vue purement chimique, dans un petit livre récent.[1] Je voudrais surtout avoir montré, dans les pages précédentes, de quelle extrême précision est susceptible l'explication biochimique de l'hérédité et combien est cohérent l'ensemble des déductions auxquelles conduit son étude méthodique.

ISBN : 978-1523493623

1 *La sexualité* ; Paris, Carré et Naud, 1899.

Félix le Dantec